Realschule Bayern

Schulaufgabentrainer
Deutsch

8

Herausgegeben von
Renate Kroiß (Neumarkt)

Erarbeitet von
Gertraud Bildl (Waldbüttelbrunn)
Regina Houben (Straubing)
Renate Kroiß (Neumarkt)
Nicole Luber (Abensberg)
Ulrike Meier-Robisch (Herzogenaurach)
Sonja Wiesiollek (Baldham)
Gunder Wießmann (Neumarkt)

Cornelsen

Inhaltsverzeichnis

Schreiben

Mit Texten und Medien umgehen

Jahrgangsstufentest Deutsch

Mit dem beigefügten Lösungsheft kannst du deine Ergebnisse selbst überprüfen.

1 In jedem Bild steckt eine Geschichte
Zu einem Bild erzählen

Die Schulaufgabe

Erzähle eine Geschichte zu dem vorliegenden Bild „Room in New York“ von Edward Hopper (1958). Versetze dich dazu in eine der abgebildeten Personen hinein oder erfinde eine zusätzliche Figur, die nicht auf dem Bild zu sehen ist.

A Was wird von dir verlangt?

1 Was musst du in einer Erzählung zu einem Bild beachten? In den folgenden Sätzen ist jeweils nur eine der blau gedruckten Vorgaben richtig. Streiche alle falschen Angaben durch und trage den richtigen Lösungsbuchstaben in die unten stehenden Kästchen ein. Ein Beispiel ist schon vorgegeben.

- In dieser Schulaufgabe wird von dir **eine genaue Bildbeschreibung (K)/eine Erzählung (H)** verlangt.
- Als Erstes musst du dich **mit dem Bildinhalt (O)/mit dem Maler oder Fotografen (A)** vertraut machen.
- Schildernde und spannende Erzählelemente **sind möglich (P)/sind nicht möglich (E).**
- Fantasievolle Handlungsergänzungen, die vor oder nach der Situation auf dem Bildausschnitt liegen, **sind nicht erforderlich (R)/sind erwünscht (P).**
- In dem Bild/Foto steht die Zeit still – du musst **sie weiter anhalten (O)/zum Laufen (E) bringen.**
- Bei der Wahl der Erzählperspektive **musst du dich in eine der abgebildeten Figuren hineinversetzen (Z)/darfst du auch eine weitere Figur dazuerfinden (R).**

Lösungswort:
Der Amerikaner ist bekannt für seine realistischen Gemälde: H O P P E R

B Das Bild erschließen und eigene Ideen sammeln

1 **a** Die auf dem Bild dargestellte Situation soll ein Bestandteil deiner Erzählung werden. Sieh dir deshalb das Bild genau an und notiere Antworten auf folgende W-Fragen:

> Mit Hilfe von **W-Fragen** kannst du dir einen ersten Überblick über das Bild verschaffen.

Welchen Ort zeigt das Bild? Ein Wohnzimmer in New York

Welche Personen sind zu sehen? Ein Mann und eine Frau

Was tun die Personen? Zeitung Lesen

Was fällt besonders auf (z. B. Farben, Gegenstände, Bewegungen)? Die Frau hat ~~gesagt~~ ~~die~~ keine Hautfarbe

Welche Stimmung fängt das Bild ein? / Wie wirkt es auf dich? Es wirkt gemütlich

b Jetzt ist deine Fantasie gefragt: Versetze dich in das Bild hinein und „sieh dich darin um“.
Notiere deine Ideen zu der Szene stichpunktartig in der Mind-Map.

> Lass das Bild auf dich wirken. Stell dir vor, du würdest in das Bild hineingehen und einen **„Spaziergang“** darin machen.

Ort/Zeit

~~In~~ In New York
Wo befindet sich der Raum?

Herbst 17:30
Jahres- und Tageszeit?

Sinneseindrücke

Klatt Zeitung
Geräusche

Kerzenlicht
Gerüche

Klaviertasten Zeitung
Gefühle

Personen

Journalist
Wer sind die Personen? (Namen, Eigenschaften …)

Weitere Person, die eine Rolle spielen könnte

Meine Überschrift für das Bild

Ein gemütlicher Tag

Anlass der Situation/Vorgeschichte

~~Journalist kr will~~
~~Eine sam geschichte~~
~~für seine Zeitung~~
Wie könnte die Situation entstanden sein?

Folgen/Auswirkungen

X

Was könnte danach geschehen?

C Übungen zum Erzählen

Das Bild im Aufsatz platzieren

1 In der Mind-Map auf Seite 5 hast du erste Ideen zum Bild gesammelt.
Vor dem Schreiben musst du dich entscheiden, an welcher Stelle deiner Erzählung die Situation auf dem Bild stehen soll. Du hast folgende Möglichkeiten:

Entscheide, **an welcher Stelle** deiner Geschichte das **Bild** aufgegriffen werden soll und was das **zentrale Ereignis** deiner Geschichte sein soll.

- A Das Bild stellt die **Einleitung** der Geschichte dar.
- B Das Bild wird erst im **Hauptteil** aufgegriffen.
- C Das Bild dient als **Schluss** deiner Geschichte.

Welche Möglichkeiten wurden bei folgenden Beispielen gewählt?
Notiere den entsprechenden Buchstaben im Kästchen.

Verena berührte leicht die Tasten des Klaviers. Das Fenster des Wohnzimmers stand weit offen, und aus dem Garten drang kühle, frische Luft herein. So war das also gewesen. Endlich war alles ans Licht gekommen. Doch für ihren Mann war nun offenbar alles gesagt. Völlig ungerührt saß er auf seinem Polstersessel und hielt seine Zeitung in den Händen. Verena seufzte.
Ein einziger Tag hatte ihr Leben für immer verändert. ☐

Langsam wurde es dunkel in der Park Avenue. Die Flügel unseres Wohnzimmerfensters standen weit offen, es drang kühle, frische Luft aus dem Garten herein. Meine Frau Caroline saß wie jeden Abend am Klavier, heute strich sie jedoch nur gedankenverloren über die Tasten.
Ich tat so, als wäre ich in meine Zeitung vertieft, doch meine Gedanken schweiften immer wieder ab. Die Vorwürfe, die unser Sohn Simon uns heute gemacht hatte, beschäftigten uns wohl beide gleichermaßen. ☐

Tipp: Im Lösungsteil findest du ein Beispiel für die dritte Möglichkeit.

Eine Erzählperspektive auswählen

2 Ich-Form oder Er-/Sie-Form?

a Bestimme die Erzählperspektive in den beiden folgenden Textauszügen. Schreibe auch dazu, aus Sicht welcher Figur jeweils erzählt wird.

Lege die **Erzählperspektive** deiner Geschichte fest.

- **Ich-Form**: Du erzählst aus Sicht einer der Figuren, die in das Geschehen eingebunden ist. Gedanken und Gefühle anderer Figuren kannst du daher nur vermuten.
- **Er-/Sie-Form:** Der Erzähler beobachtet von außen und überblickt die Geschichte. Er kann die Gefühle und Gedanken einzelner Figuren durchschauen und ihre Gedanken wiedergeben.

Wie jeden Abend saß ich am Wohnzimmertisch in meinem bequemen Ledersessel und las die Zeitung. Christina klimperte auf dem Klavier vor sich hin. Sie sah nachdenklich aus. Ich war in die aktuellen Börsennachrichten vertieft und froh, nach dem anstrengenden Tag endlich meine Ruhe zu haben. In diesem Augenblick geschah das Unerwartete: ...

Erzählperspektive:

Sandra trat ins Wohnzimmer, wo Tante Vera gedankenverloren ihre Finger über die Klaviertasten gleiten ließ. Ihr Onkel saß stumm in seinem Lieblingssessel und las seine Zeitung. Das leise Knistern der Zeitung war das einzige Geräusch in diesem Raum. Wieder einmal fühlte sich Sandra wie ein Störenfried. Aber diesmal würde sie all ihren Mut zusammennehmen und das Thema endlich ansprechen! Sie strich ihre blonden Haare glatt und holte tief Luft.

Erzählperspektive:

b Wähle eine Figur aus dem Bild auf Seite 4 aus oder erfinde eine neue Figur außerhalb des Bildes dazu. Entscheide dich für eine der beiden Erzählperspektiven und schreibe einige Sätze zu dem Bild auf. Du kannst auch einen der beiden Textauszüge aus Aufgabe **a** fortsetzen.

Es war früh abends Chris sperrte seine W

Wörtliche Rede einsetzen

3 An geeigneten Stellen solltest du in deiner Erzählung wörtliche Rede verwenden.

a Versetze dich in die Figuren auf dem Bild und ergänze in den Sprech- und Denkblasen je einen passenden Satz.

> Die Wiedergabe von **wörtlicher Rede** und **Gedanken** lässt deine Figuren lebendig wirken.

______________________:

______________________.

______________________:

______________________.

b Mit Hilfe von Redebegleitsätzen kannst du die Aussagen und Gedanken der Figuren in deine Erzählung einbauen. Wähle aus dem Wortspeicher geeignete Verben aus und schreibe passende Redebegleitsätze auf die Linien neben den Sprechblasen. Ergänze die Satzzeichen für die wörtliche Rede, z. B.: *Sie fragte sich: „...?“* *„...“, bemerkte er.*

Wortspeicher

(sich) fragen   bemerken   antworten   schreien   grummeln   sich entrüsten   denken
befürchten   erwidern   zu Bedenken geben   flüstern   fordern   (aus einem) herausplatzen
murmeln   feststellen   raunzen   vorschlagen   bitten   grübeln

Abwechslungsreich und anschaulich schreiben

4 Dein Text wird abwechslungsreicher, wenn du ab und zu Ausrufe, Fragen oder kurze Sätze einfügst. Verwandle die folgenden langen Sätze in kurze Sätze oder Ellipsen (unvollständige Sätze). Du kannst die Vorgaben aus dem Wortspeicher nutzen oder eigene Formulierungen finden.

Besonders lebendig wird deine Darstellung durch den Einsatz von **Ausrufen** („*Es war nicht zu fassen!*") oder **Fragesätzen** („*Was soll ich tun?*"). Ab und zu kannst du **Aneinanderreihungen kurzer Sätze** („*So ist es. So wird es bleiben.*") oder **Ellipsen** („*Nichts wie hin! Was nun?*") verwenden.

Die Stimmung war angespannt und es war absolut ruhig. = ____________________

Ich musste die Sache hinter mich bringen. = ____________________

Er war überzeugt, dass alles richtig entschieden worden war. = ____________________

Ich sollte ihn niemals wiedersehen. = ____________________

Sie wusste nicht, wie sie das Problem anpacken sollte. = ____________________

Wortspeicher

Recht so! Kein Treffen mehr. Nie wieder. Was tun? Stille. Bedrückende Stille. Da musste ich durch!

5 Durch bildhafte Sprache wird dein Aufsatz anschaulich. Formuliere die folgenden Sätze neu. Wähle passende Redewendungen, Vergleiche oder Metaphern aus dem Wortspeicher.

Verwende zur Veranschaulichung **bildhafte Sprache**, z. B. **Vergleiche** („*wie im Paradies*"), **Metaphern** („*saftiges Gras*") oder **Redewendungen** („*ein Auge zudrücken*").

Von unangenehmen Wahrheiten wollte er lieber nichts wissen. *Er steckte den Kopf in den Sand.*

Sie war äußerst zornig. *Sie* ____________________

Er war ganz bleich geworden. ____________________

Es gelang uns nicht, etwas zu erreichen. ____________________

Sie stand vollkommen aufrecht. ____________________

Wir warteten voller Anspannung. ____________________

Sie drehte sich immer wieder um sich herum. ____________________

Wir sollten nicht gleich aufgeben! ____________________

Wortspeicher

wie ein Kreisel die Flinte ins Korn werfen kerzengerade den Kopf in den Sand stecken gegen eine Mauer laufen leichenblass vor Wut schäumen den Atem anhalten

6 Um eine Situation anschaulich zu schildern, kannst du sie in kleine, beobachtbare und wahrnehmbare Einzelheiten auflösen.

Beschreibe **Sinneswahrnehmungen,** die zur geschilderten Situation passen: Was kann man **(1) riechen, (2) sehen, (3) fühlen, (4) hören** oder **(5) schmecken**? Aber Vorsicht: Vermeide Übertreibungen und beschränke dich auf eine **Auswahl**.

a Lies die folgende Schilderung der Situation „Ich stehe vor der Wohnzimmertür". Welche Sinne werden angesprochen? Setze passende Nummern aus dem Tippkasten in die Kästchen ein.

Ich stehe vor der schweren, hellbraunen Eichentür, die glänzend poliert ist ☐. Der würzige Duft von Kaminholz ☐ dringt an meine Nase. Leise knarren ☐ die alten Holzdielen unter meinen Füßen. Ich zögere kurz, bevor ich nach der Türklinke greife.

b Schildere nun die Situation „Ich betrete das Wohnzimmer", indem du verschiedene Sinne ansprichst.

Ich drücke die Türklinke hinunter, die ... ______________________________

____

____

____

7 Durch ausdrucksstarke Beschreibungen kannst du die Gefühle der Figuren veranschaulichen. Ergänze die Tabelle mit den Begriffen aus dem Wortspeicher.

Beschreibe **Gefühle, Gestik** und **Mimik** der Figuren durch ausdrucksstarke **Formulierungen**, z. B. Redensarten.

Wut	Angst	Scham	Freude
außer sich sein			

Wortspeicher

außer sich sein   jubilieren   empört sein   schamrot werden   gereizt sein   vor Angst wie gelähmt sein   am liebsten im Boden versinken wollen   erleichtert aufatmen   fahl werden   schweißnasse Hände haben   verärgert sein   sich erlöst fühlen   rotsehen   wie befreit sein   verlegen auf den Boden blicken   einen Kloß im Hals haben   sich vor Glück in die Arme fallen   strahlen   wutentbrannt sein   sich unsichtbar machen wollen   vor Wut fast platzen

8 Welche Zeitform passt? Lies den folgenden Text und setze die blau markierten Verben in einer geeigneten Zeitform (z. B. Präteritum, Präsens, Futur) und in der richtigen Personalform in die Lücken.

> Die Zeitform einer Erzählung zu einem Bild ist üblicherweise das **Präteritum.**
> An **besonders spannenden Stellen** kannst du aber auch ins **Präsens** wechseln, damit der Leser sich unmittelbar einbezogen fühlt.

Mein Blick _fiel_ **(fallen)** vom Garten aus durch das weit geöffnete Wohnzimmerfenster: Vater ____________ **(sitzen)** im Sessel und ____________ **(lesen)** konzentriert die Zeitung oder ________ **(tun)** wenigstens so. Gedankenverloren ______________________ **(sich beugen)** Mutter über das Klavier. Mit gesenktem Kopf ____________ **(streichen)** sie leicht über die Tasten. Einige leise Töne ____________ **(klingen)** zu mir in den Garten hinaus. Endlich ____________ **(fassen)** ich Mut und ________________ **(bewegen)** mich langsam auf das Fenster zu. Ich ________________ **(betrachten)** noch einmal die Szene, die nur auf den ersten Blick Harmonie ___________________ **(ausstrahlen)**. Ich____________ **(ahnen)**, dass sich ihre Mienen gleich wieder __________________________ **(verdüstern)**, wenn sie mich vor dem Fenster ________________ **(entdecken)**. Ob sie mir _________________________ **(erlauben)**, heute Abend noch auszugehen?

Die Einleitung schreiben

9 Welche der drei Möglichkeiten aus dem Merkkasten wurde jeweils gewählt?
Notiere den Buchstaben A, B oder C im Kästchen.

> So kannst du die **Einleitung** für deine Erzählung gestalten:
> A Du kannst auf die Situation des Bildes hinleiten, indem du wichtige **W-Fragen** beantwortest *(Wer? Was? Wann? Wo? Warum?)*.
> B Du kannst aber auch mit einer **Rückblende** zeigen, was vor der auf dem Bild gezeigten Situation passiert ist.
> C Eine dritte Möglichkeit ist ein **unmittelbarer Einstieg**: Du beginnst mit der auf dem Bild dargestellten Situation.

Ich saß am Schreibtisch in meinem Zimmer und war am Grübeln. Tagelang hatte ich schon darüber nachgedacht, doch heute Abend musste ich sie nun endlich fragen, ob ich in den Ferien mit meiner Jugendgruppe verreisen durfte! Wie sollte ich das nur einfädeln? Ich beschloss, zu meinen Eltern ins Wohnzimmer zu gehen um mit ihnen zu reden, und machte mich zögernd auf den Weg. ☐

Es war an einem Abend kurz vor den Pfingstferien. Die Luft des Frühlingsabends war noch warm, als Eva gedankenverloren auf ihrem Klavier über einige Tasten strich. Das Fenster des Wohnzimmers in ihrer schönen Münchner Wohnung war weit geöffnet. Warmes Licht fiel auf den Wohnzimmertisch, an dem ihr Mann wie jeden Abend seine Zeitung las. Tief atmete sie durch, stand vom Klavier auf und ging auf das Fenster zu, durch das sie in den Garten mit den hohen Bäumen und dem kurz geschnittenen Rasen schauen konnte. Sie hatte plötzlich einen Gedanken gefasst … ☐

Wie so oft war ich auch heute in meine Zeitung vertieft. Doch meine Gedanken schweiften immer wieder ab. Meine Frau Regine, die mir gegenüber am Klavier saß, schien in ihrem Kleid zu frösteln. Ob ihr das unheimliche Erlebnis auch so nachging wie mir? ☐

Den Schluss schreiben

10 Entscheide, welche Schlussmöglichkeit jeweils gewählt wurde, und notiere die Buchstaben A oder B im Kästchen.

Im **Schluss** deiner Erzählung kannst du
- das **Geschehen abrunden** (A)
- oder durch ein **offenes Ende** (B) zum Nachdenken anregen.

Mein Vater stand auf, schloss das Fenster und wandte sich dann zu mir um: „Mein liebes Kind", sagte er schmunzelnd, „für uns ist es das Wichtigste, dass du uns deine schlechte Note sofort gebeichtet hast." Und Mutter erklärte: „Wenn es unbedingt sein muss, werden wir für dich eine Nachhilfe in Mathematik organisieren." Erleichtert setzte ich mich zu meinem Vater auf den Sessel und umarmte ihn: „Ihr seid doch die besten Eltern!" ☐

Sie schwiegen lange. Schließlich nahm er seine Zeitung, setzte sich an den Wohnzimmertisch und begann zu lesen. Nachdenklich strich seine Frau über die Tasten des Klaviers. Sie war schon gespannt auf morgen. ☐

D Einen Schreibplan entwickeln

1 Plane deine Erzählung und lege wichtige Erzählschritte fest.

a Sieh dir noch einmal das Bild von Edward Hopper an (S. 4) und lies deine Ideen in der Mind-Map (S. 5).

b Kreuze im folgenden Schreibplan an, welche Möglichkeiten du in deiner Erzählung umsetzen willst. Notiere auf den Linien Ideen und wichtige Erzählschritte in Stichpunkten.

Beachte beim Planen deiner Erzählung folgende Schritte:
- Lege fest, an welcher Stelle du das **Bild** platzieren willst.
- Entscheide dich für eine **Erzählperspektive**
- Gib der Geschichte einen **sinnvollen Aufbau:** Die **Erzählschritte** müssen **logisch** aufeinander folgen.
- Beschränke dich auf ***ein* wichtiges Ereignis**..

1 **Platzierung des Bildes:** ☐ Einleitung ☐ Hauptteil ☐ Schluss

2 **Erzählperspektive:** ☐ Ich-Form ☐ Er-/Sie-Form

Erzählung aus Perspektive dieser Figur: ______________________

3 **Einleitung:** ☐ Rückblende ☐ Beantwortung von W-Fragen
☐ unmittelbarer Einstieg in das Geschehen:

____

____

____

4 **Hauptteil:** Erzählschritte (Höhepunkt der Geschichte?)

5 **Schluss:** ☐ Abrundung des Geschehens ☐ offenes Ende

E Den eigenen Text verfassen und überarbeiten

1 Fertige eine vollständige Erzählung zu dem Bild von Edward Hopper an.
Vergiss die Überschrift nicht. Sie soll neugierig auf die Geschichte machen, darf aber nicht zu viel verraten.

2 Überprüfe anschließend deinen Aufsatz mit Hilfe der folgenden Checkliste und überarbeite ihn gegebenenfalls.
Im Lösungsheft findest du einen Musteraufsatz zum Vergleichen.

Checkliste

	Ja	Nein
• Ist die Situation auf dem **Bild** in deiner Geschichte eindeutig zu erkennen?	☐	☐
• Sind eine echte Handlungsidee und ein **„roter Faden"** vorhanden, d.h. logisch aufeinander aufgebaute Erzählschritte?	☐	☐
• Hast du auch **schildernde Elemente** eingebaut, d.h., enthält dein Text – Vergleiche, Personifikationen, Metaphern, – lebendige Verben/anschauliche Adjektive, – evtl. Aneinanderreihungen von kurzen/unvollständigen Sätzen, – Frage- und Ausrufesätze, – Hinweise auf Gefühle, Mimik und Gestik der Figuren?	☐	☐
• Hast du an passenden Stellen **wörtliche Rede** oder **Gedanken** der Figuren wiedergegeben?	☐	☐
• Hast du eine **einheitliche Zeitform** eingehalten und evt. für besonders wichtige Stellen die **Zeitform gewechselt**?	☐	☐
• Hast du **Zeichensetzung** und **Rechtschreibung** überprüft?	☐	☐

2 Beschlüsse auf der SMV-Sitzung

Einfache Protokolle schreiben

Die Schulaufgabe

Verfasse mit Hilfe der folgenden Notizen zu einer SMV-Sitzung der Staatlichen Realschule Neuberge ein inhaltlich und formal korrektes Protokoll.

SMV-Sitzung am 15.11., 4. Unterrichtsstunde (wie immer: Raum 304)

- 11:30 Uhr: Frau Roth begrüßt alle zur 2. SMV-Sitzung im Schuljahr 20XX/XX
- Gesprächsleiter heute: sie und Herr Schwarz
- Hanna Müller (7a) und Klara Lührer (10c) haben beide die Grippe, sonst alle 38 Klassensprecher/innen anwesend
- Frau Roth: Wollen wir wieder eine Nikolausaktion durchführen?
- Paul (9a): Find ich ja absolut kindisch, Nina (8b): Und was ist mit Osterhasen? → Gelächter
- Abstimmung → Mehrheit dafür, nur drei von 38 dagegen → cool, eindeutig!!
- Hr. Schwarz: 3 Schülersprecher/innen sind Nikoläuse, wer möchte sie als verkleidete Engel begleiten?
- Danja und Franzi (9d): finden die Idee voll süß, wollen es unbedingt machen
- viele andere wollen auch → Hr. Schw. entscheidet: nur Klassensprecherinnen der 5. + 6. Kl. gehen mit
- Hr. Schw.: Wichtig! Dass Nik. kommt, ist kein Muss → alle Kla'spre sollen in ihren Klassen abstimmen lassen.
- Voraussetzung für Nik.-Besuch: Gedicht oder Lied über die Klasse, das die Schüler selbst gedichtet haben → bis 30.11. im SMV-Zimmer abgeben.
- Mika und Deniz (8b) finden Abgabedatum zu knapp, stimmen dann aber doch zu.
- Frau Roth: Alle sollen sich an der Aktion „Klassenzimmer der Woche" beteiligen.
- Annika (8d): Was ist das genau und was muss man machen, damit man es wird?
- Hr. Schwarz erklärt: Klasse kommt mit Foto auf Schul-Homepage, wenn sie gewählt wurde
- Viele kennen die Aktion gar nicht (ich auch nicht, nie gehört)
- Hinweis Benny: Aufruf an Kla'sprecher → in Klassen weitersagen!!

- Fr. Roth: Schülerzeitungs-Team hatte die Idee, darum wählen sie auch aus → gehen jeden FR durchs Haus und entscheiden, in welchem Klassenzimmer es am besten aussieht. Wichtig ist, dass es ordentlich ist, Tafel gewischt etc., kein Dreck, also Klassenzimmer insgesamt aufgeräumt+gemütlich ist und einen guten Eindruck macht.
- Thema FASCHING → alle finden's super – WER? WAS? WANN? WO??? ☺ CHAOS!!
- Frau Roth: Ruhe jetzt!! Herr Schwarz: feiern vielleicht zusammen mit dem Gymi!! YEAH!!
- Problem: Beide Schulen haben jetzt neue Turnhallen → Da darf man nicht mit Straßenschuhen rein ☹ → Verbindungslehrer müssen erst noch abklären, ob möglich, und wenn ja, ob an der RS oder am Gym.
- Alternative? Aula unserer Schule → ist aber zu klein für beide Schulen → im Notfall feiern wir ohne Gym
- Termin eventuell am 14.02. = genial, da ist auch noch Valentinstag!!!!! ♡
- Verkleidung ist ein Muss/Frau Roth möchte ein Motto → Vorschläge der Schülersprecherinnen: AMERIKA, James Bond, Zirkus, Harry Potter (typisch – die Kleinen kommen dann alle als Zauberer) – die streiten sich schon fast ...
- Hr. Schwarz ist für Motto „Farben“ → Nora: Dann müssen er und Frau Roth sich nicht mehr verkleiden → Gelächter
- ☠ Tabea will kein Motto – jeder soll anziehen, worauf er Lust hat, Tarek + Luka hassen Verkleidungen auch
- Abstimmung der verschiedenen Vorschläge; Beschluss: wie im letzten Jahr verschiedene Farben für die Klassen, knappe Mehrheit, nur 21 von 38 dafür → Schwarz: Das ist Demokratie!! he he
- Farben werden in der nächsten Sitzung festgelegt, Klassensprecher müssen sich mit Klasse eine Aktion überlegen; nur wenn jeder was macht, findet die Veranst. statt.
- Bedingung: kein „Saustall“ im Klassenzimmer, es dürfen keine Eintritte für Mitschüler verlangt werden
- 12.35 Uhr: ENDE!! haben ganz schön überzogen (komme „leider“ zu spät in Bio ...)
- WICHTIG: Hr. S. braucht Protokoll bis morgen → leitet es dann an die Klassenleiter weiter

Monika Schlau (8 b)

A Was wird von dir verlangt?

1 Kreuze zutreffende Aussagen an.

Beim Anfertigen eines Protokolls musst du ...

- ☐ alle Details einzeln aufschreiben.
- ☐ alle wichtigen Beschlüsse festhalten.
- ☐ deine eigene Meinung zu den Tagesordnungspunkten äußern.
- ☐ die Stimmung genau schildern.
- ☐ dich in einer sachlichen Sprache ausdrücken.
- ☐ die Sachverhalte aus Schülersicht bewerten.
- ☐ Wortbeiträge in der direkten Rede aufschreiben.
- ☐ Regeln zur äußeren Form des Protokolls einhalten (z. B. Protokollkopf zu Beginn).
- ☐ das Wesentliche einer Diskussion/eines Vortrags zusammenfassend wiedergeben.
- ☐ darauf achten, dass das Protokoll auch für Abwesende nachvollziehbar ist.

B Übungen

Den Protokollkopf erstellen

1 Im Kopf des Protokolls stehen in geordneter, übersichtlicher Form allgemeine Angaben zu einer Sitzung.

a Umrahme in den Aufzeichnungen auf S. 14–15 alle Angaben, die im Protokollkopf erscheinen müssen.

b Trage sie dann in die Vorlage unten ein.

Im **Protokollkopf** sind folgende Angaben enthalten:
- Anlass und Thema der Besprechung
- Ort und Datum
- Beginn und Ende der Besprechung
- Gesprächsleiter(in)
- Protokollführer(in)
- Teilnehmer (Anwesende und Abwesende)

Protokoll

zur ____________________

im Schuljahr ____________________

Ort: ____________________

Datum: ____________________

Zeit: ____________________

Leitung der Sitzung: ____________________

Anwesend: ____________________

Abwesend: ____________________

Protokollführung: ____________________

Tagesordnungspunkte formulieren

2 Tagesordnungspunkte (TOPs) werden immer im Nominalstil angegeben.

Die **Tagesordnungspunkte (TOPs)** sind die Gliederung der Sitzung und werden oft schon in der Einladung vorgegeben.
In der Schulaufgabe kann von dir verlangt werden, sie selbst zu formulieren.

Beispiel:
Über das Mensaangebot wird diskutiert. **(Verbalstil)** → *Diskussion über das Mensaangebot* **(Nominalstil)**

a Setze folgende TOPs in den Nominalstil, indem du die Verbformen in Nomen umwandelst.

Der SMV-Ausflug nach München wird geplant. → ____________________

____

Die Aufgaben der Klassensprecher werden festgelegt. → ____________________

____

Die Jubiläumsfeier der Schule wird besprochen. → ____________________

____

b Bei den folgenden Tagesordnungspunkten wurden Formulierungsfehler gemacht. Schreibe die TOPs verbessert auf.

VORSICHT FEHLER!

Den Nominalisierungen in den TOPs folgt oft ein **Genitiv**, z. B.: *Durchführung des Basars*
Es gibt aber auch Nominalisierungen oder Nomen, die mit einer **Präposition** verbunden werden müssen, z. B.: *Bericht über das Sommerfest*

– *Abstimmung der Schul-T-Shirts* → ______________________

____

– *Beschwerde mangelhafte Mülltrennung* → ______________________

____

– *Aktionen der Klassenzimmersauberkeit* → ______________________

____

– *Vorstellung von dem Projekt „Gesunde Pause"* → ______________________

____

3 Insgesamt werden auf der SMV-Sitzung drei Themen angesprochen.

a Kennzeichne in der Mitschrift auf S. 14–15 die Stellen, an denen ein neuer Tagesordnungspunkt (TOP) beginnt, durch eine Linie.

b Formuliere nun die drei Themen der Sitzung als Tagesordnungspunkte (TOP 1–3) im Nominalstil. Im Wortspeicher am Rand findest du Hilfen.

TOP 1: ______________________

TOP 2: ______________________

____

TOP 3: ______________________

____

Wortspeicher
- Planung
- Vorbesprechung
- Information
- Änderung
- Neuregelung

Eine Mitschrift anfertigen

Es kann sein, dass du zur Vorbereitung einer Schulaufgabe den Verlauf einer Unterrichtsstunde mitschreiben musst, um anschließend daraus ein Protokoll zu erstellen. Beachte dazu die Tipps im nebenstehenden Kasten.

Gespräche protokollieren – sich Notizen machen

1 Lass rechts auf dem Blatt einen **Rand** frei. Dort kannst du – falls nötig – später noch Informationen ergänzen.
2 Ordne deine Notizen übersichtlich an: Beginne **jede neue Information** mit einer **neuen Zeile**. Verwende **Spiegelstriche** zum Aufzählen.
3 Lange Sätze sind „Zeitfresser". Halte daher deine Notizen möglichst knapp:
- Schreibe **in Stichpunkten**. Artikel und Hilfsverben kann man dabei oft weglassen, z. B.: *~~Die~~ Homepage ~~wurde~~ von ~~der~~ IT-AG überarbeitet.*
- Verwende **Abkürzungen**, z. B.: *usw., vgl., u. a.*
- Verdeutliche Zusammenhänge durch **Symbole**, z. B.: =>, + , ☹

4 Notiere hinter den folgenden Begriffen passende Abkürzungen und Symbole aus den Kästchen.

und so weiter *usw.* ____
unter anderem / und andere ____
das heißt ____
besonders ____
wegen ____
Klasse(n) ____
zum Teil ____
eventuell / vielleicht ____

bes. | d. h. | evtl. | Kl. | ~~usw.~~ | ☹/– | vgl. | s. | wg. | z. T. | ☺/+ | u. a. | od. | = | => | <->

im Gegensatz zu ____
positiv, von Vorteil, begrüßenswert ____
daraus folgt / daraus ergibt sich ____
negativ, von Nachteil, ungünstig ____
siehe ____
vergleiche ____
ist gleich / ist / sind ____
oder ____

5 Die Mitschrift auf den Seiten 14–15 ist zu ausführlich geraten und sollte verknappt werden.
a Streiche alle Angaben durch, die für das Protokoll nicht brauchbar sind, und markiere wichtige Informationen.
b Schreibe die Stichpunkte neu auf. Verwende dabei Abkürzungen und fasse Informationen zusammen.

TOP 1:
- Abstimmung über Nikolausaktion (35:3)
- 3 Schülersprecher/innen = Nikoläuse, Kl.sprecher 5.+ 6. Kl. = Engel
- Vorauss. f. Nik.-Besuch:

TOP 2: ____

____

____

TOP 3: ____

____

____

Beiträge wiedergeben

6 Manchmal ist es sinnvoll, im Protokoll festzuhalten, wer was in einer Sitzung gesagt hat. Dies kann auf verschiedene Weise geschehen.

In einem Protokoll **vermeidet** man die Wiedergabe von wörtlicher Rede. Einzelne Redebeiträge kannst du
- in **indirekte Rede** umformen oder
- durch einen **Redebericht** wiedergeben.

Anstelle von „sagen" solltest du **genauere Verben** verwenden, z.B.: *erklären, vorschlagen, betonen, loben*

Beispiel:

„Ich freue mich sehr darüber, dass die Schülerzeitungs-AG die Idee hatte, ein Klassenzimmer der Woche zu wählen, weil dadurch die Sauberkeit in der Schule mehr in den Vordergrund rückt."

Wiedergabe in indirekter Rede
Frau Roth betonte, dass sie sich über die Idee der Schülerzeitungs-AG, ein Klassenzimmer der Woche zu wählen, sehr freue, weil dadurch die Sauberkeit in der Schule mehr in den Vordergrund rücke.

Umschreibung durch einen Redebericht
Frau Roth lobte die Idee der Schülerzeitungs-AG, ein Klassenzimmer der Woche zu wählen. Dies fördere die Sauberkeit in der Schule.

a In den folgenden Sätzen aus einem Protokoll wurde das Verb „sagen" zu häufig gebraucht. Ersetze es durch passende Verben aus dem Wortspeicher unten.

Die Schulleiterin Frau Rübli sagte, dass eine neue Art der Pausenverpflegung eingeführt werden soll.

____

Die dazu eingeladene Expertin Frau Würz sagte, das Konzept habe sich schon an anderen Schulen bewährt.

____

Die Schülersprecher sagten, dass sie den Vorschlag interessant fänden.

____

b Forme die folgenden Aussagen in Sätze mit indirekter Rede oder knappe Redeberichte um. Wähle dazu passende Verben aus dem Wortspeicher unten aus.

Herr Schwarz: „Ihr Klassensprecher müsst dafür sorgen, dass der Müll in den Klassen regelmäßig beseitigt wird."

____

____

Einige Klassensprecher: „Das ist unfair. Wenn wir die Klassenzimmer kontrollieren, verlieren wir zu viel Zeit."

____

____

Frau Roth: „Wenn der Ordnungsdienst nicht richtig arbeitet, verlängert sich der Dienst eben um eine Woche."

____

____

Wortspeicher

mitteilen   berichten   informieren   bitten   aufrufen   vorstellen   erklären   sich beklagen
vorschlagen   protestieren   informieren   Interesse bekunden   zustimmen   ankündigen

Auf angemessenen Ausdruck achten

7 Verbessere den folgenden Auszug aus dem Protokoll einer Schulforumssitzung. Formulierungen, die überarbeitet werden müssen, sind bereits unterstrichen. Im Wortspeicher unten findest du Formulierungshilfen.

Das Protokoll ist ein formelles Dokument. Es enthält oft wichtige Festlegungen, die auch später noch klar nachvollziehbar sein müssen. Daher sollte es **sachlich, genau** und **frei von Wertungen** sein.

Über den Vorschlag, dass die Schüler künftig das Klassenzimmer selbst putzen sollen, regten sich

ein paar Jungs tierisch auf, da sie das Wischen der Klassenzimmer nervig finden und es ewig dauert.

Die ganzen anderen fanden den Vorschlag gar nicht mal so schlecht, zumal der Putzdienst für jeden nur zweimal

im Halbjahr anfallen würde. Am Ende konnten dann doch alle damit leben, ein Rotiersystem einzuführen.

Wortspeicher

protestieren gegen einschätzen halten für zu aufwändig sinnvoll sich einigen auf

Äußere Form und Rechtschreibung

Im folgenden Kurzprotokoll eines Sportvereins wurden die Regeln zur äußeren Form nicht beachtet.

Das Protokoll soll möglichst **übersichtlich** aufgebaut sein. **Jeder Tagesordnungspunkt (TOP)**
- beginnt in einer **neuen Zeile** und
- wird durch eine **Zwischenüberschrift** kenntlich gemacht, z. B.: **TOP 1: ...**

VORSICHT FEHLER!

Protokoll der Mitgliederversammlung am ...

TOP 1: Besuch der Badminton-Trainingsabende
TOP 2: Geplanter Skibasar der Skiabteilung
TOP 3: Mitgliederwerbung des Sportvereins

Zuerst gab der Trainer der Badminton-Gruppe einen Bericht ab, in dem er auf die Anwesenheit bei den Badminton-Trainerstunden einging. Nicht alle Mitglieder erschienen regelmäßig zu den Übungsstunden. Bei Wettkempfen könne aber nur aufgestellt werden, wer auch regelmässig im Training war. Um den Tabellenplatz halten zu können, müsse die Trainingsdisziplin in zukunft wieder steigen. Der Vereinsvorsitzende Schmidt wieß die Anwesenden darauf hin, dass auch in diesem Jahr wieder ein Skibasar abgehalten werden soll. Dazu sei die Hilfe Aller nötig. Der voraussichtliche Termin ist der 11. November. Ab 11:00 Uhr bestünde wieder die Möglichkeit, gebrauchte Wintersportartikel zu verkaufen und zu erwärben. Drittens schlug der Kassenwart Martin Kleber vor, die Mitgliederwerbung des Vereins zu verstärken. Er hat zu diesem Zweck schon ein Informazionsblatt entworfen, das alle Möglichkeiten des Sportvereins vorstellt. Eine Beitrittserklährung werde gleich angehängt, um die Anmeldung zu vereinfachen.

Weilsheim, 20.09.20XX

Paul Knittel

8 **a** Markiere in dem Protokolltext auf S. 20 die Stellen, an denen ein Absatz gemacht werden muss. Notiere am Rand, welcher TOP jeweils beginnt.

b Das Protokoll enthält 9 Rechtschreibfehler. Markiere sie im Text und notiere sie in der richtigen Schreibung. Tipp: Die roten Striche zeigen an, in welchen Zeilen Fehlerwörter stehen.

c Schreibe den Protokolltext korrigiert in dein Heft. Achte auf eine übersichtliche Gestaltung und ergänze an den passenden Stellen die Überschriften.

Der Abschluss des Protokolls

Am Schluss eines Protokolls macht man folgende Angaben:
- **Ort** (= Stadt), in der das Protokoll verfasst wurde
- **Datum,** an dem das Protokoll fertig gestellt wurde
- **Unterschrift** der Protokollantin/des Protokollanten

Diese Angaben werden mit einem größeren Abstand angefügt, sodass sie sich vom Protokolltext abheben.

9 Wie muss Monika ihr Protokoll zur SMV-Sitzung abschließen? Suche alle Informationen aus der Mitschrift auf S. 14–15 heraus und notiere sie.

____

____

____

C Das Protokoll schreiben und überarbeiten

1 **a** Formuliere nun aus der Mitschrift von Seite 14–15 ein vollständiges Protokoll der SMV-Sitzung. Greife dabei auf deine Ergebnisse von den Seiten 15–21 zurück.

b Überprüfe und überarbeite dein Protokoll mit Hilfe der Checkliste.

Checkliste

	Ja	Nein
• Das Protokoll ist sauber geschrieben und übersichtlich gestaltet.	☐	☐
• Der Protokollkopf ist vollständig.	☐	☐
• Die Schlussformel ist angefügt.	☐	☐
• Die Tagesordnungspunkte (TOPs) sind nummeriert und im Nominalstil formuliert.	☐	☐
• Die Sprache des Protokolls ist sachlich.	☐	☐
• Alle wichtigen Diskussionspunkte wurden berücksichtigt.	☐	☐
• Überflüssige Informationen wurden weggelassen, Doppelungen zusammengefasst.	☐	☐
• Die wörtliche Rede wurde, wenn nötig, in indirekte Rede umgewandelt.	☐	☐
• Der Text ist auch für Personen verständlich, die nicht anwesend waren.	☐	☐
• Alle Ergebnisse der Sitzung sind eindeutig nachvollziehbar.	☐	☐

3 Der Skikurs muss bleiben!
In der Schülerzeitung überzeugen

Die Schulaufgabe

An eurer Schule findet jedes Jahr ein einwöchiger Skikurs für alle achten Klassen statt. Die Schulleitung möchte diese Klassenfahrt künftig abschaffen, da sie mit einigen Nachteilen verbunden ist.
Du sollst einen Artikel für die Schülerzeitung verfassen, in dem du deine Leserinnen und Leser davon überzeugst, dass der Schulskikurs sinnvoll ist. Führe darin mindestens drei Argumente an und widerlege ein Gegenargument.

A Was wird von dir verlangt?

Überlege, welche der Aussagen auf die gestellte Aufgabe zutreffen.

	Trifft zu	Trifft nicht zu
• Ich setze mich schriftlich mit Schülerfahrten allgemein auseinander.	☐	☐
• Ich überlege mir Vorteile eines Schulskikurses.	☐	☐
• Ich bereite einen Vortrag für die Klassensprecherversammlung vor.	☐	☐
• Ich verfasse einen Text, in dem ich meine Meinung zu dem Thema ausdrücke.	☐	☐
• Ich schreibe einen Brief an die Schulleitung, um sie zu überzeugen.	☐	☐
• Ich wende mich in erster Linie an die Schüler, da sie die Schülerzeitung lesen.	☐	☐
• Ich verschweige die Nachteile, um überzeugender zu wirken.	☐	☐
• Ich versuche, die Nachteile zu entkräften.	☐	☐
• Ich zähle alle Vorzüge des Skikurses auf.	☐	☐
• Ich liste die wichtigsten Vorzüge des Skikurses auf und bringe Belege dafür an.	☐	☐

B Eine Stoffsammlung erstellen

Bevor du mit dem Schreiben des Textes beginnst, musst du dir Gedanken zum Thema machen.

1 Lies die folgenden Aussagen von Schülerinnen und Schülern, Lehrkräften und Eltern.
Markiere Aussagen, die **für** den Schulskikurs sprechen, **grün** und Aussagen, die **dagegen** sprechen, **rot**.

2 Erstelle eine Stoffsammlung zum Thema „Schulskikurs – sinnvoll oder nicht?“

a Trage die Vorteile (pro) und Nachteile (kontra) aus Aufgabe 1 in Stichpunkten in die folgende Tabelle ein.
Tipp: Formuliere die Stichpunkte wie eine Überschrift.

b Überlege dir weitere Vor- und Nachteile und ergänze sie in Stichpunkten in der Tabelle.

	⊕ Pro Skikurs	⊖ Kontra Skikurs	
		Umweltschäden	

3 Mit Hilfe der Stoffsammlung kannst du die Argumente für deinen Schülerzeitungsartikel auswählen.

a Bewerte jedes Pro- und Kontra-Argument in deiner Tabelle, indem du in der schmalen Spalte am Rand eine Zahl notierst: **1** = starkes Argument **2** = weniger starkes Argument **3** = schwaches Argument

b Wähle nun die drei überzeugendsten Pro-Argumente für deinen Text aus und markiere sie.
Entscheide dich für ein Gegenargument, das du gut widerlegen kannst, und markiere es.

C Übungen

Eine zündende Überschrift finden

Die **Überschrift** soll das Interesse an dem Thema wecken und die Leserinnen und Leser neugierig machen – bei einem Artikel für die **Schülerzeitung** sind dies vor allem Jugendliche.

1 **a** Eine ansprechende Überschrift macht Lust auf deinen Artikel. Beurteile die beiden folgenden Überschriften. Notiere Stichpunkte.

Überlegungen zur geplanten Abschaffung der Skifreizeit ab Januar des nächsten Schuljahres

____

Nicht mit uns!

____

b Formuliere selbst eine Überschrift für deinen Artikel.

____

Mit der Einleitung Interesse wecken

In der **Einleitung** benennst du kurz das Thema oder Problem. Du solltest aber keine Argumente vorwegnehmen.

2 Ob ein Text gelesen wird oder nicht, hängt oft von den ersten Sätzen ab.

a Überprüfe die folgenden Einleitungen mit Hilfe der untenstehenden Übersicht. Kreuze an, welche Kriterien jeweils beachtet wurden.

A *Habt ihr gewusst, dass unser Skikurs in Gefahr ist? Momentan wird diskutiert, ob diese Fahrt für die 8. Jahrgangsstufe abgeschafft werden soll. Die Schulleitung befürwortet eine Abschaffung – aber noch ist nichts entschieden! Es liegt also an uns Schülern, mit guten Argumenten für den Erhalt dieser Fahrt zu kämpfen …*

B *In der letzten Schulforumssitzung brachte ein Elternbeiratsmitglied die Kosten des Skikurses zur Sprache, die jährlich steigen. Es gab eine Diskussion über den Punkt und bis zur nächsten Sitzung möchte die Schulleitung entscheiden, ob diese Schulfahrt beibehalten wird.*

C *Nein – ihr dürft uns unseren Skikurs nicht nehmen! Leute, wir müssen uns dagegen wehren! Ihr seid doch auch alle dagegen, dass diese coole Fahrt abgeschafft wird, denn schließlich stärkt sie den Klassenverband!*

	A	B	C
1 Das Thema und der Zusammenhang werden deutlich.	☐	☐	☐
2 Die Adressaten werden durch die Formulierungen berücksichtigt.	☐	☐	☐
3 Der Stil ist trotz der Berücksichtigung der Adressaten sachlich.	☐	☐	☐
4 Die Absicht des Textes wird deutlich.	☐	☐	☐
5 Das Interesse der Leser wird geweckt.	☐	☐	☐
6 Es wird kein Argument vorweggenommen.	☐	☐	☐
7 Die Einleitung ist kurz.	☐	☐	☐

b Schreibe eine eigene Einleitung zum Thema der Schulaufgabe in dein Heft, in der du alle Kriterien berücksichtigst.

Den Leser überzeugen

In deinem Schülerzeitungsartikel möchtest du die Leserinnen und Leser von deiner Meinung überzeugen.
Du solltest deshalb nicht nur Argumente anführen, sondern diese auch überzeugend erläutern.

- Mit schlagkräftigen **Argumenten** kannst du deine Meinung begründen und andere überzeugen.
- Erläutere deine Argumente mit passenden **Beispielen oder Belegen**. So können die Leserinnen und Leser genau nachvollziehen, was du meinst.

3 Lies die folgenden Ausschnitte eines Textes, in dem der Schreiber sich **gegen** einen Skikurs wendet. Unterstreiche das Argument jeweils schwarz und das Beispiel blau.

Beim Skifahren fallen hohe Kosten für Anschaffungen an, die zu Recht viele Betroffene abschrecken. Das fängt schon mit der Skihose und der Skijacke an und reicht bis zu dem vorgeschriebenen Helm. Hinzu kommen die Kosten für die Skier, die Stiefel und die Stöcke. Die nötige Ausrüstung und das Outfit können zusammen leicht ein paar hundert Euro verschlingen.

Nicht vergessen werden darf bei der Diskussion, dass sich viele Menschen beim Skifahren verletzen. Immer wieder hört man von Bein- oder Armbrüchen, die sich Hobbyskifahrer durch Zusammenstöße oder einen Sturz auf der Piste zugezogen haben. Auch ist die Unfallgefahr durch Lawinen in den Bergregionen nicht zu unterschätzen.

4 Forme die folgenden Aussagen, die ebenfalls gegen eine Schulskifahrt sprechen, in zwei ausführliche Argumente mit Beispielen und Belegen um. Im Wortspeicher findest du Anregungen. Achte auf sachliche Sprache.

- **„Man erkältet sich immer bei diesen Skifahrten! Das kommt vom vielen Rumstehen.“**
- **„Für die Umwelt ist das Skifahren auch nicht gut. Wenn man sich im Frühjahr die Berge anschaut, kann einem ganz schlecht werden.“**

Ein Argument, das gegen die Skifreizeit spricht, ist die Tatsache, dass …

Problematisch am Skifahren ist auch …

Wortspeicher

Anfängerunterricht → während Übungen vorgemacht werden, steht man im Kalten
Warten am Skilift auf die Gruppe → wenig Bewegung
Pistenbau → Wälder werden abgeholzt
Schäden auf den grasbewachsenen Hängen → Pflanzen sterben ab

Gegenpositionen einbeziehen

Besonders überzeugend wirkt dein Text, wenn du die **Gegenargumente** nicht verschweigst, sondern sie mit deinen eigenen **Argumenten** entkräftest (widerlegst).

5 **a** „Durch die Skifreizeit geht wertvolle Unterrichtszeit verloren." – Kreuze die Aussagen an, mit denen man dieses Argument sinnvoll entkräften könnte. Du kannst auch einen weiteren Gegengrund ergänzen.

Oft wird beklagt, dass durch die einwöchige Fahrt wertvolle Unterrichtszeit verloren ginge. Man sollte aber auch bedenken, dass ...

- ☐ *die Schüler/innen abends auf ihren Zimmern den Lernstoff nachholen könnten.*
- ☐ *die Schüler/innen durch die Fahrt viele andere wertvolle Erfahrungen machen, z.B. die Klassengemeinschaft zu erleben.*
- ☐ *die meisten Schüler/innen froh sind, wenn sie nicht in den Unterricht müssen.*
- ☐ *auch die Sporterziehung ein wichtiges Ziel in der Schule ist.*

____

b Wähle nun eines der Gegenargumente von Seite 25 aus und entkräfte es.

Von den Gegnern der Skikurse wird immer wieder eingewendet, dass ... ______________________________

____

____

____

____

Die Gedanken logisch verknüpfen

6 Deine Überlegungen sind besser nachvollziehbar, wenn du sinnvolle Satzverknüpfungen verwendest. Verbinde die folgenden Sätze mit Hilfe passender Formulierungen aus dem Wortspeicher. Du kannst dazu auch die Satzstellung verändern.

Wortspeicher

allerdings jedoch zwar aber denn
wenn dann aus diesem Grund demnach
deshalb folglich schließlich sicherlich

Die Kosten für den Skikurs sind für manche Eltern zu hoch.
Man kann einen Zuschuss vom Elternbeirat bekommen.

____

____

Unsportliche Schülerinnen und Schüler haben keinen Spaß an der Skifahrt.
Es ist nicht fair, alle achten Klassen zur Teilnahme zu verpflichten.

____

____

Wortwiederholungen vermeiden

7 Damit dein Text abwechslungsreich klingt, solltest du Wortwiederholungen vermeiden.
a Unterstreiche in dem folgenden Abschnitt alle Wörter, die mehrfach vorkommen.
b Formuliere die Sätze um. Ersetze dazu die Wiederholungen durch Begriffe mit ähnlicher Bedeutung (z. B. *grüne Hänge* statt *Wiesen*) oder Pronomen (z. B. *sie, dieser*). Zwei Beispiele sind schon vorgegeben.

Was ganz massiv gegen den Skikurs spricht, ist die Bedrohung für die Umwelt durch das Skifahren. Durch den Lärm auf der Piste sind Waldtiere und seltene Vögel bedroht *(gefährdet)*. Deshalb flüchten die Tiere und Vögel *(sie)* aus ihrer Umwelt. Die Umwelt ist also direkt in Gefahr. Sichtbare Umweltschäden kann man im Frühjahr sehen, wenn der Schnee weggeschmolzen ist. Dann sieht man erst die beschädigten Grashänge, auf denen kein Gras mehr wächst, weil die obere Schicht abgetragen ist. Denn der Kunstschnee und die schweren Pistenfahrzeuge haben das Gras geschädigt und der Umwelt nachhaltig geschadet. Um die Umwelt zu schützen, sollte man also auf den Skikurs verzichten.

Sich angemessen ausdrücken

8 **a** Dein Text sollte in einem für Schülerinnen und Schüler ansprechenden Stil geschrieben sein. Da dein Text überzeugend sein soll, darf er aber nicht unsachlich klingen. Ordne den vier Sätzen aus Schülertexten die folgenden Bewertungen zu:

A sachlich und aussagekräftig formuliert
B zu flapsig, zeigt wenig Respekt vor den Erwachsenen, die die Schülerzeitung vielleicht auch lesen
C enthält Umgangssprache

☐ Wir sind doch froh, unsere Alten mal eine Woche nicht zu sehen, und umgekehrt genauso.

☐ Jeder, der schon einmal im Skikurs war, denkt noch gerne an die gemütlichen Abende zurück, an denen gemeinsam gespielt und gelacht wurde.

☐ Für viele ist es die einzige Möglichkeit, mit dieser Sportart in Berührung zu kommen.

☐ Ich für meinen Teil lass mir auf der Hütte echt gerne die Sonne auf den Pelz scheinen.

b Schreibe die misslungenen Sätze in sachliche und aussagekräftige Formulierungen um.

Den Schluss schreiben

9 Du solltest deinen Artikel mit einem packenden Schluss abrunden, der deine Leserinnen und Leser zum Nachdenken anregt oder zum Handeln auffordert.

Am **Schluss** deines Textes kannst du
- A deine **Meinung** äußern
- B die Leser/innen zu etwas **aufrufen**
- C einen **Kompromiss** vorschlagen
- D einen **Ausblick in die Zukunft** geben

a Welche Art von Schluss wurde jeweils gewählt? Ordne jedem der vier Satzanfänge den entsprechenden Buchstaben aus dem Merkkasten zu.

☐ *Ich persönlich wünsche mir, dass ...*

☐ *Ich hoffe doch sehr, dass auch in den nächsten Jahren ...*

☐ *Um allen Interessen gerecht zu werden, könnte man ...*

☐ *Deshalb fordere ich euch auf, ...*

b Wähle einen der vier Satzanfänge für den Schluss deines Textes aus und setze ihn fort.

____

____

____

C Einen Schreibplan erstellen

1 Sieh dir noch einmal deine Stoffsammlung mit den von dir ausgewählten Argumenten auf Seite 23 an. Erstelle einen Schreibplan für deinen Schülerzeitungsartikel, in dem du **für** den Schulskikurs argumentierst. Liste im folgenden Schreibplan deine Argumente und passende Beispiele in Stichpunkten auf.

Vorteil 1: ____

____

Beispiel/Beleg: ____

Vorteil 2: ____

____

Beispiel/Beleg: ____

Vorteil 3: ____

____

Beispiel/Beleg: ____

Widerlegung eines Gegenarguments

Gegenargument: ______________________________

____

____

Entkräftung: ______________________________

____

____

D Den eigenen Text verfassen und überarbeiten

1 Schreibe nun einen überzeugenden Artikel für die Schülerzeitung.
Sieh dir dazu noch einmal die Aufgaben auf den Seiten 22–29 an.

2 Lies deinen Text gründlich und überprüfe ihn mit Hilfe der folgenden Checkliste.

Checkliste

	Ja	Nein
Überschrift		
• Macht sie neugierig auf den Text?	☐	☐
• Spricht sie Schülerinnen und Schüler an?	☐	☐
• Führt sie zum Thema hin, ohne schon alles zu verraten?	☐	☐
Einleitung		
• Wird darin das Thema deines Artikels genannt?	☐	☐
• Weckt sie das Interesse der Leserinnen und Leser?	☐	☐
• Wird deutlich, warum du diesen Text schreibst?	☐	☐
Hauptteil		
• Nennst du mindestens drei wichtige Argumente?	☐	☐
• Hast du Beispiele zur Verstärkung deiner Aussagen verwendet?	☐	☐
• Wird deine Position deutlich?	☐	☐
• Sind deine Gedanken logisch verknüpft und nachvollziehbar?	☐	☐
• Gehst du auch auf ein Gegenargument ein und entkräftest es?	☐	☐
Sprache		
• Hast du klare und verständliche Formulierungen gewählt?	☐	☐
• Spricht der gewählte Sprachstil die Adressaten an?	☐	☐
• Hast du Umgangssprache und Dialekt vermieden?	☐	☐
• Sind deine Sätze vollständig?	☐	☐
• Hast du die Rechtschreib- und Zeichensetzungsregeln beachtet?	☐	☐
Schluss		
• Rundet der Schluss deinen Text sinnvoll ab?	☐	☐
• Enthält der Schluss eine Meinungsäußerung, einen Aufruf, einen Kompromiss oder einen Ausblick?	☐	☐

4 Zapfenstreich um 20 Uhr?

Einen Leserbrief schreiben

Die Schulaufgabe

Lies den folgenden Zeitungsartikel. Verfasse dann einen **Leserbrief**, in dem du überzeugend begründest, warum du mit dem Vorgehen der Gemeinde einverstanden bist *oder* warum du gegen eine solche Regelung bist.

Zapfenstreich um 20 Uhr

Gemeinde Hinterhofen streicht Schülern den Ausgang

Der Dorfplatz von Hinterhofen am Abend: Beim alten Gemeindehaus trifft sich die Dorfjugend. Die Teenies quatschen, lachen, hängen herum. Doch damit soll bald Schluss sein: „Schulpflichtigen Jugendlichen ist es untersagt, sich nach 20 Uhr in Ansammlungen auf öffentlichen Straßen oder Plätzen aufzuhalten." So steht es jetzt in der neuen Gemeindeordnung. Der Gemeinderat hat sie diese Woche mit 22 zu 8 Stimmen verabschiedet. Den Eltern droht nun eine Strafe, wenn ihre Kinder nicht spuren.

„Megagemein!", findet Sarah Meier (13). „Ich bin gern draußen. Blödsinn machen doch die anderen!" Die Gemeinde sieht das anders. „Es gab Vandalismus*. Und immer wieder Lärmklagen", sagt Gemeinderat Lukas Kölber. „Bis nachts um zwei waren die Jugendlichen draußen und haben Lärm gemacht. Mitten unter der Woche!" Das Gespräch mit den Eltern habe nicht gefruchtet. Deshalb habe man die neue Regelung aufgestellt. „So kann man am Morgen danach wenigstens eine Anzeige aufgeben."

Die Teenager finden das unfair. „Ich bin selten noch so spät draußen", sagt Alex Müller (12). „Trotzdem bekomme ich ein Verbot."

In Hinterhofen weiß man, welche Jugendlichen das Ausgehverbot treffen soll. „Die kiffen und trinken Alkohol, und mit den Mofas gibt es auch immer Probleme. Viele von denen sind doch schon 17 oder 18. Aber zu denen gehören wir doch nicht", sagt Nicole Schmitt (14). Die Übeltäter kämen außerdem aus dem benachbarten Otzeltal. „Und denen kann man eh nichts vorschreiben – nur uns Braven", sagt Luisa Biller (14).

Die Jugendlichen haben schon eine Protestaktion angekündigt, mit der sie den Gemeinderat wieder von der neuen Regelung abbringen wollen.

* **der Vandalismus:** gewaltsames Zerstören oder Beschädigen von Gegenständen

A Was wird von dir verlangt?

1 Kreuze an, was du beim Schreiben eines Leserbriefs berücksichtigen musst.

In einem Leserbrief ...

- ☐ kann ich zu einem Artikel aus einer Zeitung, Zeitschrift oder Internetseite Stellung beziehen.
- ☐ muss ich nicht genauer angeben, auf welchen Artikel sich der Leserbrief bezieht.
- ☐ kann ich den Aussagen des vorliegenden Textes zustimmen oder anderer Meinung sein.
- ☐ muss ich argumentieren, also meine Aussagen begründen.
- ☐ kann ich auch von eigenen Erlebnissen oder Erfahrungen berichten.
- ☐ ist es nicht nötig, auf den vorliegenden Text einzugehen.
- ☐ darf ich nicht meine eigene Meinung schreiben.
- ☐ kann am Ende eine Aufforderung, ein Wunsch oder eine Bitte stehen.
- ☐ muss ich zwar möglichst sachlich schreiben, darf aber auch einen persönlicheren Sprachstil verwenden.
- ☐ darf ich auch Umgangssprache oder Dialekt verwenden.

B Sich mit dem Zeitungsartikel auseinandersetzen

1 In einem Leserbrief beziehst du Stellung zu einem Zeitungsartikel. Es ist daher wichtig, den Text möglichst genau zu untersuchen, um Ideen und Anhaltspunkte für deinen Leserbrief zu erhalten.

a Unterstreiche im Zeitungsartikel „Zapfenstreich um 20 Uhr" (S. 30)
- in **Blau** das Thema des Textes,
- in **Grün** Aussagen, in denen begründet wird, warum es zu dem Ausgehverbot gekommen ist,
- in **Rot** Aussagen, die zeigen, warum das Ausgehverbot nicht sinnvoll ist.

b Trage deine Ergebnisse aus Aufgabe **a** stichpunktartig in die folgende Tabelle ein:

Gründe für das Ausgehverbot	Gründe gegen das Ausgehverbot
- Vandalismus	*- Jugendliche können sich abends nicht mehr ...*

c Überlege dir weitere Gründe für oder gegen das Ausgehverbot und ergänze sie in der Tabelle.

C Übungen

Den Brief einleiten

- Ein Leserbrief ist aufgebaut wie ein **sachlicher Brief**. Folgende Angaben sollten darin enthalten sein: **Ort** und **Datum, Betreffzeile** und eine **höfliche Anrede.**
- Der Leserbrief lässt einen freieren Sprachstil zu, er sollte aber insgesamt **sachlich** und **höflich** klingen.
- Stelle zu Beginn des Schreibens den **Bezug zum Zeitungsartikel** her: Nenne den Titel des Textes und gib an, wann und wo der Text erschienen ist.

1 Die Leserinnen und Leser deines Briefes sollen wissen, worum es dir geht. Stelle daher zu Beginn den Bezug zum Zeitungsartikel her und formuliere dein Anliegen.

a Lies die folgenden Einleitungen zu Leserbriefen.

Grünback, 23.09.20XX

Sehr geehrte Damen und Herren,

1 *ich bin total sauer über den Artikel über Hinterhofen in Ihrer Zeitung und muss meinem Ärger auch gleich mal Luft machen. So einen Blödsinn kann man doch nicht machen. Sie waren doch schließlich auch mal jung! …*

2 *wie in Ihrer Ausgabe der Zeitung vom 22.09.20XX berichtet wurde, hat sich der Gemeinderat von Hinterhofen ja etwas „Großartiges" einfallen lassen: ein Ausgehverbot ab 20 Uhr für alle schulpflichtigen Jugendlichen. Als betroffener Jugendlicher frage ich mich, ob das denn wirklich der Ernst von erwachsenen Menschen sein kann, dem Problem abends „herumhängender" Teenager mit einem derartigen Verbot zu begegnen. …*

3 *interessiert habe ich den Artikel „Zapfenstreich um 20 Uhr" gelesen, der mich nachdenklich gemacht hat. Der Gemeinderat von Hinterhofen hat für alle schulpflichtigen Jugendlichen ein Verbot erlassen. Ich muss gestehen, dass ich zunächst skeptisch war, ob ein solches Gesetz etwas bringt. Letztlich hat der Gemeinderat von Hinterhofen aber Recht, so zu handeln. …*

4 *wir sind Schüler einer 8. Klasse der Realschule in Hinterhofen und haben heute in der Schule über den Artikel „Zapfenstreich um 20 Uhr" in Ihrer gestrigen Zeitungsausgabe diskutiert. Obwohl einige wenige aus der Klasse Verständnis für diese Maßnahme haben, ist der Großteil der Klasse strikt dagegen. …*

b Kreuze an, welche Vorgaben in den vier Einleitungen jeweils beachtet wurden.

	1	2	3	4
A Der Titel des Textes ist genannt.	☐	☐	☐	☐
B Die Quelle des Textes ist genannt.	☐	☐	☐	☐
C Das Thema des Artikels wird in knapper Form angesprochen.	☐	☐	☐	☐
D Das Datum, an dem der Artikel erschienen ist, wird angegeben.	☐	☐	☐	☐
E Der Briefschreiber stellt sich kurz vor und nennt den Grund seines Schreibens.	☐	☐	☐	☐
F Der Sprachstil des Briefes ist angemessen.	☐	☐	☐	☐

2 Schreibe nun eine eigene Einleitung in dein Heft, in der alle Vorgaben beachtet sind. Du kannst dabei auf gelungene Formulierungen aus den Beispielen oben zurückgreifen.

Überzeugend argumentieren

3 Die folgenden Textausschnitte ergeben drei vollständige Argumente, die **für** das Ausgehverbot sprechen.

a Ordne die Behauptungen den passenden Begründungen zu, indem du mit Linien verbindest, was zusammenpasst.

Mit deinem Leserbrief möchtest du andere **überzeugen**. Deshalb ist es wichtig, dass du deine Aussagen **begründest.** Man nennt dies auch **argumentieren.** Ein **Argument** besteht aus zwei Teilen:

- Behauptung
- Begründung (eventuell mit Beispiel/Beleg)

Du darfst in deinem Leserbrief auch **Aussagen aus dem vorliegenden Artikel aufgreifen.** Du solltest begründen, warum du sie für **richtig oder falsch** hältst.

Behauptungen

Ein abendliches Ausgehverbot nach 20 Uhr schränkt den Alkohol- und Drogenkonsum von Jugendlichen ein.

Außerdem verhindert ein Ausgehverbot, dass es zu Sachbeschädigungen auf öffentlichen Plätzen kommt.

Darüber hinaus ist ein Ausgehverbot von großem Nutzen für die vielen Anwohner, die sich durch den Lärm der Jugendlichen gestört fühlen.

Begründungen

Die Erfahrung zeigt, dass Jugendliche bei ihren abendlichen Treffen im Freien immer wieder Dinge zerstören, z. B. mit Messern in Holzbänke ritzen oder Wände beschmieren. Hinzu kommen Verwüstungen, wenn z. B. Flaschen und Essensverpackungen einfach liegen gelassen werden. Die meisten Vorfälle dieser Art ereignen sich nach 20 Uhr.

Wie in dem Artikel erwähnt wird, fahren wirklich viele Jugendliche abends bis spät in die Nacht mit ihren knatternden Mofas herum, andere unterhalten sich bei ihren abendlichen Treffen sehr laut miteinander oder hören Musik. Durch das Ausgehverbot wird eine Nachtruhe ab 20 Uhr für die Anwohner gewährleistet.

Es ist allgemein bekannt, dass Jugendliche, die sich abends auf der Straße treffen, schneller zu Alkohol und Drogen greifen. Wenn sie gezwungen sind, zu Hause zu bleiben oder sich bei Freunden privat zu treffen, können die Eltern besser darauf achten, dass sie keinen Alkohol zu sich nehmen.

b Durch geeignete Formulierungen kannst du Behauptungen und Begründungen miteinander verbinden und neue Argumente einleiten. Unterstreiche die Satzverknüpfungen in den Textausschnitten oben.

4 Verfasse zu der folgenden Behauptung eine eigene Begründung.

Die Jugendlichen würden durch das Ausgehverbot abends wieder mehr Zeit in der Familie verbringen.

Überlege dir zuvor: Was könnte in den Familien unternommen werden? Welche positiven Auswirkungen hätte dies?

5 Es gibt verschiedene Möglichkeiten, einen Leserbrief zu beenden.
Entscheide, um welche Art von Schluss es sich bei den Beispielen unten jeweils handelt, und trage die entsprechende Nummer aus dem Merkkasten in das Kästchen ein.

Am Ende des Leserbriefs solltest du noch einmal zusammenfassend deinen **eigenen Standpunkt verdeutlichen**. Du kannst **(1)** für **Verständnis** werben, **(2) zum Handeln auffordern** oder **(3)** eigene **Lösungsvorschläge** anbieten.

... Zum Schluss möchte ich noch einmal betonen, wie wünschenswert es wäre, wenn alle Beteiligten sich verständnisvoller zeigen würden. Einem friedlichen Miteinander von Alt und Jung dient es jedenfalls nicht, wenn man sich mit ständigem Misstrauen begegnet. Viel sinnvoller ist es, das gegenseitige Gespräch zu suchen und den Jugendlichen sinnvolle Freizeitbeschäftigungen anzubieten. Und wo wäre dies besser möglich als in einem neuen Dorfgemeinschaftshaus?

Peter Müller, Sozialpädagoge ☐

... Bevor sich aber die Erwachsenen allzu sehr in ihren Ärger über die „missratene“ junge Generation hineinsteigern, wäre es sicher hilfreich, kurz einmal den Blick auf die eigene Vergangenheit zu werfen. Die Jugendzeit war wohl bei den wenigsten ohne Makel. Und wenn man heutigen Erwachsenen zuhört, wie sie von ihren „Jugendsünden“ erzählen, hat man das Gefühl, dass da häufig sogar etwas Stolz mitklingt. Über die Stränge zu schlagen, ist doch auch ein wenig das Vorrecht der Jugend.

Laura Mannkopf (15) ☐

... Noch einmal: Dem Gemeinderat von Hinterhofen gehört mein voller Respekt. Jn unserer Zeit, in der jeder versucht, Jugendlichen gegenüber so verständnisvoll wie möglich aufzutreten, gehört manchmal auch der Mut dazu, ihnen Grenzen aufzuzeigen. Bleibt nur die Aufforderung an alle anderen Stadt- und Gemeinderäte in unserem Land: Lasst euch von der Jugend nicht auf der Nase herumtanzen! Traut euch, hart durchzugreifen!

Lorenz Huber (Hinterhofen) ☐

6 Es ist sinnvoll, in einem Leserbrief auch eigene Lösungsansätze anzubieten.
Denke über folgende Vorschläge nach und formuliere einen eigenen Schluss für deinen Leserbrief aus.

Ausgehverbot auf bestimmte Wochentage beschränken?

Alkoholverbot verhängen?

Jugendheim eröffnen?

Partybus ins nächste Dorf?

Eltern haftbar machen?

Keine Jugendlichen aus anderen Orten mehr ins Dorf lassen?

Polizeikontrollen und Bußgeld bei Fehlverhalten?

____

____

____

____

____

Sprache und Aufbau eines Leserbriefs

7 Die folgenden Sätze aus Leserbriefen enthalten unangemessene Formulierungen.
a Markiere, was nicht gelungen ist. Ein Beispiel ist schon vorgegeben.
b Schreibe die Sätze verbessert auf.

Damit dein Leserbrief überzeugend wirkt, solltest du auf einen **angemessenen Sprachstil** achten:
- Vermeide flapsige, umgangssprachliche oder beleidigende Ausdrücke.
- Wähle klare, verständliche Formulierungen.

Ich wohne in der Nähe des Treffpunkts und mich nervt es einfach kolossal, wenn die halbe Nacht das Gekreische zu hören ist.

Meiner Ansicht nach ist es eine klasse Sache, dass jetzt mal die Erzeuger für ihre Schratzen verantwortlich sind.

Ich verstehe schon, dass die Anwohner völlig abgenervt sind, aber andererseits gibt es in unserem Dorf nun halt mal keinen anderen Treffpunkt. Schon mal dran gedacht, ein Jugendheim in Hinterhofen zu bauen??!!

8 Ein Leserbrief soll zwar sachlich klingen, aber nicht gestelzt wirken. Deshalb solltest du Formulierungen im Nominalstil vermeiden. Schreibe folgende Äußerungen neu, indem du die Nominalisierungen auflöst.

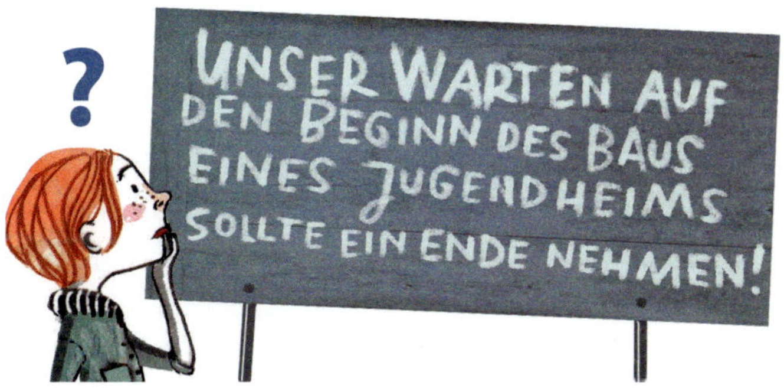

Das Fehlen eines Jugendheims in Hinterhofen zwingt die jungen Leute zum Herumlungern auf der Straße.

Da in Hinterhofen ein Jugendheim fehlt, sind die jungen Leute …

Das Aufstellen eines Verbots durch den Gemeinderat wird keine Änderung des Verhaltens der Jugendlichen bewirken.

Das Verwehren der Teilnahme am sozialen Leben wird von Jugendlichen als Einschränkung ihrer Freiheit empfunden.

D Einen Schreibplan entwickeln

Du hast dich nun gründlich mit dem Thema auseinandergesetzt und kannst deinen Leserbrief planen.

1 Lege zunächst deine eigene Position fest: Willst du dich **für** oder **gegen** das Ausgehverbot aussprechen?

☐ Ich bin **für** ein Ausgehverbot ab 20 Uhr. ☐ Ich bin **gegen** ein Ausgehverbot ab 20 Uhr.

2 Mache dir noch einmal den Aufbau des Briefes bewusst: Welche Funktion haben **Einleitung**, **Hauptteil** und **Schluss** des Briefes jeweils? Ordne die folgenden Erklärungen durch Linien dem entsprechenden Teil zu.

Einleitung

Hauptteil

Schluss

In diesem Teil nimmst du Stellung zu Aussagen des Textes, indem du ihnen zustimmst oder sie widerlegst. Alle deine Aussagen musst du begründen. Du darfst auch eigene Aussagen zum Thema treffen, diese solltest du aber überzeugend begründen.

Hier fasst du deine Meinung noch einmal zusammen, äußerst eine Bitte, stellst Forderungen oder bietest einen Lösungsvorschlag an. Am Ende steht immer dein vollständiger Name.

In diesem Teil gibst du kurz an, auf welchen Artikel du dich beziehst und was der Anlass deines Leserbriefs ist.

3 Fülle den folgenden Schreibplan in Stichpunkten aus.

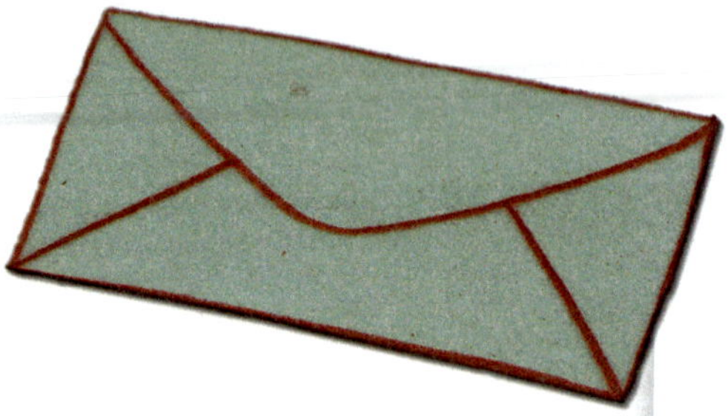

Einleitung

– Bezug zum Artikel *„Zapfenstreich um 20 Uhr“*
– Grund des Schreibens / Meine Position:

____

Hauptteil (Begründung der eigenen Position)

– Aufgreifen folgender Aussagen aus dem Text: ________________

____

____

– zwei weitere nicht im Text genannte Gründe für meine Position (+ Beispiele): __________

____

____

____

Schluss

☐ für Verständnis werben ☐ Aufforderung zum Handeln ☐ Lösungsvorschlag

____

____

4 Mit welchen sprachlichen Mitteln könntest du die Gedanken in deinem Brief verknüpfen? Ordne die Satzanfänge aus dem Wortspeicher in die Tabelle ein.

Einleitung	Hauptteil	Schluss

Wortspeicher

Ihrem Artikel „…“ entnahm ich … Es sollte unbedingt bedacht werden, … Nicht zuletzt …
Hinzu kommt … Am wichtigsten erscheint mir … Interessiert habe ich in Ihrer Zeitung gelesen, dass …
Mit Erstaunen las ich … Abschließend hoffe ich, dass … Meiner Meinung nach …
Ich war verblüfft über … Ich komme zu dem Schluss, dass … Zukünftig sollte … Ein Beispiel dafür ist …
Ich schlage daher vor, dass … Es ist sicher richtig, dass … Trotzdem … Beispielsweise …
Man sollte nicht vergessen, … Außerdem muss bedacht werden, … Eine wichtige Rolle spielt …

E Einen eigenen Text verfassen und überarbeiten

1 Verfasse nun mit Hilfe des Schreibplans einen vollständigen Leserbrief, in dem du deine Position zum Ausgehverbot verdeutlichst. Du kannst deine Ergebnisse aus den Übungen (S. 31–37) nutzen.

2 Überarbeite deinen fertigen Leserbrief mit Hilfe der Checkliste.

Checkliste

	Ja	Nein
• Nennst du zu Beginn den Titel des Zeitungsartikels und den Grund deines Schreibens?	☐	☐
• Beziehst du dich auf Aussagen aus dem Artikel und begründest du, warum du ihnen zustimmst oder sie ablehnst?	☐	☐
• Hast du alle deine Behauptungen überzeugend begründet?	☐	☐
• Hast du am Schluss zum Handeln aufgefordert, für Verständnis geworben oder eine Lösung vorgeschlagen?	☐	☐
• Hast du Ort, Datum, Betreff und am Ende deinen vollständigen Namen genannt?	☐	☐
• Hast du eine höfliche Anrede gewählt und die Anredepronomen großgeschrieben?	☐	☐
• Hast du auf einen sachlichen Sprachstil geachtet und umgangssprachliche Formulierungen vermieden?	☐	☐
• Hast du die Sätze abwechslungsreich eingeleitet und verknüpft?	☐	☐

5 *Kristin Kopf* Schuhe

Eine Kurzgeschichte für einen TGA bearbeiten

Die Schulaufgabe

1. Fasse den Inhalt von Kristin Kopfs Erzählung „Schuhe“ zusammen.
2. Belege am Text, dass er Merkmale der Kurzgeschichte enthält.
3. Beschreibe auffällige sprachliche Mittel und ihre Aufgabe.
4. **Kreative Aufgabe (Wahlaufgabe)**:
   a Schreibe eine Weiterführung der Geschichte.
   oder
   b Schreibe einen inneren Monolog zu folgender Situation: *Ein Vorübergehender (eine Vorübergehende) denkt über den Menschen am Boden nach.*

Schreibe einen vollständigen textgebundenen Aufsatz (TGA) mit Einleitung und Schluss.

Kristin Kopf (*1984)

Schuhe

Schuhe sagen viel über den Menschen aus.

Ich habe keine. Nicht, dass ich welche bräuchte – aber es ist doch schon empfindlich kalt im November. Es gibt Wichtigeres. Aber Schuhe wären gut.

Ich habe keine.

Nur die anderen.

Vor mir auf dem Kopfsteinpflaster klappern sie. Die Schuhe. Nicht die anderen. Es gibt laute Schuhe und es gibt leise Schuhe. Turnschuhe sind beinahe lautlos. Nur wenn das Pflaster im Regen glänzt, dann quietschen sie manchmal.

Ich hätte gerne Turnschuhe. Turnschuhe geben warm. Kinder haben Turnschuhe.

Ich mag Kinder. Aber sie haben Angst vor mir. Die großen Schuhe haben ihnen das beigebracht.

Mir ist so kalt.

Im Mittelalter hat man sich Lumpen um die Füße gewickelt. Es gab keine Schuhe, damals. Das habe ich gelesen. In der Zeitung.

Die Zeitung ist alt, und es klebt Blumenerde daran.

Zeitung findet man immer.

Aber sie gibt nicht richtig warm. Sie ist widerspenstig, glatt und steif und will sich nicht so recht um die Füße wickeln lassen.

Schnaps gibt warm.

Dann friert man nicht mehr. Aber man erfriert. Ich trinke nichts. Kann ich mir gar nicht leisten. Deshalb trinke ich nichts. Aber ich würde sowieso nichts trinken. Dann frieren die Fußzehen ab. Erst gibt es Frostbeulen, und dann werden sie ganz schwarz. Nein, ich trinke nichts. Obwohl es so gut täte: Ich könnte auch nur ganz wenig trinken. Aber ich habe kein Geld.

Und die mit den Schuhen geben mir keins.

Ich hatte mal Schuhe. Das ist lange her. Ich habe sie verkauft. Ich dachte, Geld sei besser als Schuhe. Das war im Sommer. Lange her. Das Geld ist weg. Jetzt ist es kalt.
Die Schuhe gehen vorüber, und mit ihnen die Beine. Auch die Gesichter. Aber ich sehe sie nicht. Ich sehe nur die Schuhe. Wenn man den ganzen Tag den Kopf hebt, bekommt man nur einen steifen Hals. Ich will nicht mehr. Die mit den Schuhen sollen mir Geld geben.
Sie haben doch so viel.
Manchmal werfen sie mir ein paar Münzen hin. Sie wissen nicht, wohin damit, im Portemonnaie ist zu viel Kleingeld. Kleingeld ... die Schuhe werfen mir Kleingeld hin. Die Schuhe. Nicht die Gesichter. Die Gesichter blicken hochmütig an mir vorbei. Deshalb schaue ich nicht mehr hoch. Aber ich bedanke mich. Bedanken muss man sich immer. Das hat damals die Oma gesagt. Man soll dankbar für alles sein.
Ich bin nicht dankbar.
Es passiert so selten, dass ich etwas bekomme. Die Schuhe hasten vorüber. Es ist kalt.
Nebel überall. Die Schuhe wollen schnell nach Hause. Die Stöckelschuhe beeilen sich, zu den Herrenschuhen und den Kinderschuhen zu kommen. Wenn die Schuhe zu Hause sind, werden sie nicht mehr gebraucht. Ich bin hier zuhause. Ich brauche keine Schuhe.
Ich habe keine Schuhe. Ich habe eine Zeitung, die beschreibt, wie man im Mittelalter gelebt hat.
Und mir ist so kalt. Es wird dunkel.
Jetzt eilen die Schuhe nur noch vereinzelt vorbei.
Wenn ich all die kleinen Münzen zusammennehme, dann reicht es vielleicht für einen Schnaps. Nur einen kleinen.
In der Tankstelle ist es auch warm. Ich werde so tun, als wüsste ich nicht, was ich kaufen will. Dann ist es länger warm.
Ich trinke nicht viel. Nur einen kleinen Schnaps. Und ich lege mich in eine windgeschützte Ecke.
So schnell erfriert man nicht.
Nein.
Auch ohne Schuhe nicht.

Aus: 17 Kurze. Kurzgeschichen aus dem Netz

A Die Aufgabe verstehen

1 Welche der folgenden Aufgaben sind für die oben angegebene Schulaufgabe **nicht** zu erledigen? Streiche die **vier falschen Angaben** durch:

- den Text nacherzählen
- die Geschichte kurz zusammenfassen
- Merkmale einer Kurzgeschichte aufzählen
- Merkmale dieser Kurzgeschichte suchen und am Text belegen
- alle stilistischen Merkmale heraussuchen
- auffällige stilistische Mittel und ihre Wirkung beschreiben
- eine Fortsetzung und einen inneren Monolog schreiben
- eine Fortsetzung oder einen inneren Monolog schreiben

B Den Inhalt der Kurzgeschichte untersuchen

1 Lies die Geschichte aufmerksam durch. Beantworte anschließend die W-Fragen in Sätzen.

a Wer ist die Hauptfigur in der Geschichte?

____

b Wer sind die anderen Figuren?

____

c In welchem Monat spielt die Geschichte?

____

d An welchem Ort könnte eine solche Szene stattfinden?

____

2 Lies die Geschichte noch einmal genau.
Ergänze die folgenden Erzählschritte und belege deine Antwort jeweils mit einer passenden Zeilenangabe.

Die Hauptfigur beschreibt, dass sie keine Schuhe hat. (Z. 2-4)

Sie beobachtet die Schuhe der anderen und hätte gerne (Z. 10)

Eine Zeitung (Z. 19 f.)

Die Hauptfigur hat Angst vor (Z.)

Manche Vorübergehenden werfen (Z.)

Die Menschen wollen nach Hause, die Hauptfigur (Z.)

Jn der Tankstelle (Z.)

____

3 Die Kurzgeschichte ist aus einer bestimmten Sicht geschrieben.

a Bestimme die Erzählperspektive der Geschichte. ____________________

b Kreuze die Abbildung an, die am besten zur Sicht der erzählenden Figur passt.
Markiere zwei Textstellen, mit denen du deine Entscheidung begründen kannst.

c Beschreibe die besondere Erzählperspektive des Textes (Erzählform, Körperhaltung und Sicht der Hauptfigur), indem du die folgenden Sätze vervollständigst. Nutze deine Ergebnisse aus Aufgabe **a** und **b**.

Der Text ist in der ______ -Form geschrieben. Beim Lesen versetzt man sich in eine Figur hinein,

die ______

______

Die Augen der Figur blicken nicht ______ *, sondern*

______ .

4 Die Hauptfigur hält einen inneren Monolog.
Worüber denkt sie dabei nach?
Lies im Text nach und setze die folgende „Gedankenkette" fort.

In einem **inneren Monolog** spricht eine Figur in der Ich-Form zu sich selbst und äußert Gedanken und Gefühle, oft in Form einer „Gedankenkette".

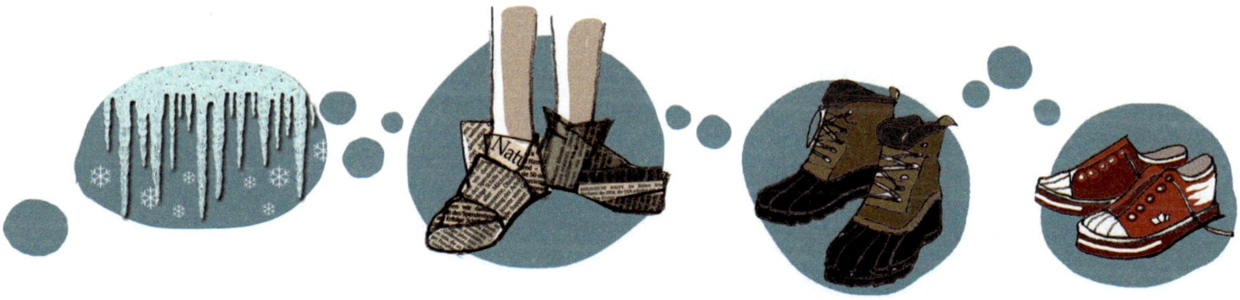

die Kälte im November → die fehlenden Schuhe → der Vorteil von Turnschuhen → die Angst der Kinder →

______

______

______

______

5 Wie stellst du dir die Ich-Erzählerin/den Ich-Erzähler vor? Schreibe Stichwörter auf.

Aussehen: ______

______

______

Lebensumstände: ______

______

______

6 Vergleiche die Hauptfigur der Geschichte mit den anderen Figuren im Text. Ergänze Stichpunkte in der folgenden Tabelle.

Hauptfigur	Die anderen Menschen
– ohne Schuhe, nur eine Zeitung zum Schutz	
	– eilen in ihre Wohnungen, zu ihren Arbeitsplätzen
– hat kein Geld, lebt von ein paar Münzen	

7 Was hält die Hauptfigur von den Leuten, die vorübergehen? Belege deine Antwort durch Zeilenangaben.

C Übungen

Die Einleitung schreiben

In der **Einleitung** eines TGA zu einem literarischen Text benennt man
- die Autorin/den Autor,
- den Titel und die Quelle des Textes
- die Textsorte
- das Thema (ein Satz zum Inhalt)

1 Dein Aufsatz beginnt mit einer Einleitung.
Begründe in Stichpunkten, warum die folgenden Einleitungen unvollständig und zum Teil falsch sind.

A In der Kurzgeschichte aus dem Taschenbuch „17 Kurze. Kurzgeschichten aus dem Netz“ geht es um Menschen in der Stadt.

B Die Autorin Kristin Kopf schreibt in ihrem Text von einer obdachlosen Person, welche die Schuhe der Vorübergehenden betrachtet.

C Die Kurzgeschichte „Schuhe“ handelt von einem Armen, der auf der Straße die Vorübergehenden beobachtet. Dabei sieht er vor allem ihre Schuhe, denn in die Gesichter schaut er nicht mehr.

2 a Schreibe eine vollständige Einleitung in dein Heft.
b Überprüfe mit Hilfe des Tippkastens, ob alle Informationen enthalten sind.

Den Hauptteil schreiben:
Den Textinhalt zusammenfassen

3 Die folgende Zusammenfassung der Geschichte „Schuhe" muss verbessert werden.

a Lies noch einmal deine Notizen zum Inhalt der Kurzgeschichte (Aufgabe 1 und 2 auf Seite 40).

b Überprüfe Inhalt und Ausdruck der Zusammenfassung. Achte auf die folgenden Punkte:

Zu Beginn des **Hauptteils** fasst du den Inhalt der Erzählung möglichst **knapp** und **in eigenen Worten** zusammen.

Inhalt:
- Sind die Aussagen richtig?
- Fehlt eine wesentliche Aussage?
- Gibt es überflüssige Informationen?

Ausdruck:
- Wurden passende Ausdrücke gewählt?
- Wiederholen sich Wörter?
- Ist der Satzbau abwechslungsreich?

Streiche falsche oder unwichtige Informationen.
Unterstreiche, was verbessert werden muss, und notiere Korrekturvorschläge am Rand.
Du kannst folgende Korrekturzeichen verwenden:
I = fehlerhafter Inhalt **A** = falscher/unklarer Ausdruck

VORSICHT FEHLER!

Ein Mann, der schon seit Jahren obdachlos ist, bedauert, dass er keine Schuhe hat. Er beobachtet die Schuhe der Vorübergehenden und meint, sie würden viel über die Menschen aussagen. Die Schuhe klappern auf dem Kopfsteinpflaster. Er hätte selbst gern Schuhe wie die Kinder. Die Kinder haben aber Angst vor ihm. Seine Füße werden nur durch eine Zeitschrift einigermaßen warm gehalten. Auch ein Schnaps würde warm halten, aber der Penner hat kein Geld. Aber er weiß auch, dass man durch den Alkohol schneller erfriert. Die Passanten gehen an ihm vorbei, doch er schaut ihnen nicht mehr in die Gesichter, sondern er schaut nur noch auf die Schuhe, welche schnell nach Hause wollen. Manche werfen ihm Münzen hin. So kann er sich in der warmen Tankstelle einen großen Schnaps kaufen.	*A besser: Mensch (unklar, ob Mann oder Frau)*

c Schreibe die Zusammenfassung verbessert in dein Heft.

Textsortenmerkmale erkennen und belegen

4 Untersuche zunächst den Inhalt und den Aufbau des Textes „Schuhe".

a Kreuze an, welche Kennzeichen einer Kurzgeschichte der Text „Schuhe" enthält.

b Notiere zu jedem zutreffenden Kennzeichen eine Begründung in Stichpunkten.

Um die **Merkmale einer Kurzgeschichte** nachzuweisen, kannst du auf **Aufbau** und den **Inhalt** des Textes eingehen. Beachte, dass nicht jede Kurzgeschichte *alle* Kennzeichen enthält! Auch in der Geschichte „Schuhe" findest du nur einige.

Ein Beispiel ist schon vorgegeben.

Inhalt

- [x] ausschnitthafte Momentaufnahme aus dem Leben von Menschen *obdachloser Mensch an einem Novemberabend*
- [ ] Konfliktsituation aus dem Alltag eines Menschen ____________
- [ ] Bewährung oder Versagen der Hauptfigur in der Konfliktsituation ____________
- [ ] nur knappe Darstellung der Figuren, die oft ohne Namen sind ____________

Aufbau

- [ ] keine oder nur sehr kurze Einleitung ____________
- [ ] zielstrebige Handlung ____________
- [ ] Steigerung bis zu einem Höhe- oder Wendepunkt ____________
- [ ] offener Schluss ____________

5 Ergänze die folgende Beschreibung mit Ausdrücken aus dem Wortspeicher.

Wortspeicher

Münzen Tankstelle kurzer Moment Einleitung Steigerung Feststellung offen Hauptfigur erfahren Novemberabend

In der Kurzgeschichte wird nur ein ____________ ____________ im Leben eines Menschen geschildert – ein ____________, der schon ziemlich kalt ist. Die ____________ hat keinen Namen, sie tritt nur als „ich" auf. Der erste Satz („Schuhe sagen viel über Menschen aus.") ist nur eine ____________, aber keine ausführliche ____________ in das Geschehen. Eine kleine ____________ des Handlungsablaufs ist festzustellen, als der Mensch schließlich ein paar ____________ beisammen hat (Z. 53), um sich in der warmen ____________ einen Schnaps zu kaufen. Doch dann wird die Geschichte nicht weitergeführt – wir ____________ nicht, was aus dem Obdachlosen wird. Der Schluss bleibt somit ____________, ein weiteres Kennzeichen der Kurzgeschichte.

Sprachliche Mittel und ihre Aufgabe beschreiben

6 Untersuche die Sprache der Kurzgeschichte „Schuhe“ genauer.
Welche Wirkung haben Satzbau und Wortwahl in der Geschichte?
Schreibe je einen Satz auf. Im Wortspeicher findest du Anregungen.

Kurzgeschichten zeichnen sich durch eine besondere **sprachliche Gestaltung** aus. Oft finden sich darin folgende Kennzeichen:
- Alltagssprache, teilweise Umgangssprache
- kurze, oft unvollständige Sätze
- Verwendung von bildhafter Sprache

Der Text enthält viele kurze Sätze und die Wortwahl ist einfach.

An einigen Stellen finden sich umgangssprachliche Ausdrücke, z.B. „Schnaps gibt warm.“ (Z. 21).

Es kommen nur Aussagesätze vor, Fragen und Ausrufesätze fehlen.

Der Text enthält unvollständige Sätze (Ellipsen), z.B. „Nur die anderen.“ (Z. 5)

Wortspeicher

zum Nachdenken anregen — lässt Hauptfigur glaubhaft wirken — Hauptfigur ist müde und entmutigt — Gedanken eines einfachen Menschen wiedergeben

7 Die Kurzgeschichte enthält auch einige besondere Stilmittel.
- **a** Bestimme die Stilmittel in den Beispielsätzen aus der Tabelle (S.45 und 46). Notiere ihre Bezeichnung in der zweiten Spalte.
- **b** Beschreibe die Wirkung der Stilmittel in der dritten Spalte in einem Satz.
- **c** Suche ein weiteres sprachliches Mittel im Text, benenne es und beschreibe die Wirkung.

Besondere Stilmittel wie **Metaphern, Personifikationen, Vergleiche** oder **Wiederholungen**
- verweisen oft darauf, dass die Alltagserlebnisse in der Kurzgeschichte mehrdeutig gemeint sind.
- wirken beim Lesen befremdlich und regen dadurch zum Nachdenken an.

Beispielsätze	Stilmittel	Wirkung (Was wird damit zum Ausdruck gebracht?)
„Ich hätte gerne Turnschuhe. Turnschuhe geben warm. Kinder haben Turnschuhe.“ (Z. 10f.)	*Wiederholung*	*Die Gedanken des Ich-Erzählers kreisen um ...*

Beispielsätze	**Stilmittel**	**Wirkung** (Was wird damit zum Ausdruck gebracht?)
„Die großen Schuhe haben ihnen das beigebracht." (Z. 12 f.)		
„Ich trinke nichts. Kann ich mir gar nicht leisten. Deshalb trinke ich nichts. Aber ich würde sowieso nichts trinken. […] Nein, ich trinke nichts. Obwohl es so gut täte." (Z. 22–26)		

Kreative Aufgabe

8 Zwei Schüler wählten Aufgabe 4 a der Schulaufgabe: „Schreibe eine Weiterführung der Geschichte".

a Lies die beiden Texte.

Achte bei der **kreativen Aufgabe** darauf,
- dass **die Handlung** stimmig ist und
- dass **das Verhalten** und **die Äußerungen der Figuren** zum Ausgangstext passen.

A *Er war auf der Suche nach einem geeigneten kleinen Schnapsfläschchen und ging langsam die Regale mit den Spirituosen entlang. Da klopfte ihm plötzlich jemand auf die Schulter. „Bist du's, Robert? Du schaust aber schlimm aus. Wo sind deine Schuhe geblieben?" „Jch habe keine", sagte er zu dem Mann, der ihm vage bekannt vorkam. „Kenne ich dich?" „Jch bin's doch, dein Bruder! Jch bin zurückgekommen aus Kanada, wo ich 5 Jahre Barkeeper war." „Ah – so. Und jetzt?" „Jetzt nehme ich dich erstmal mit zu mir zum Essen, Waschen und Anziehen. Komm!" So hatte der Obdachlose wieder ein Zuhause.*

B *Die Ecke suche ich mir am besten gleich aus. Ach, da ist ja eine Haustür offen, da kann ich mich später unter die Treppe legen. Der Flur ist viel wärmer als die Straße. Vielleicht gehe ich aber auch in das Obdachlosenheim, wenn es noch kälter wird.*

b Beurteile, was an den Schülertexten gelungen ist und was verbessert werden sollte. Trage in die folgende Übersicht ein **+** für Gelungenes und ein **–** für Fehlerhaftes ein.

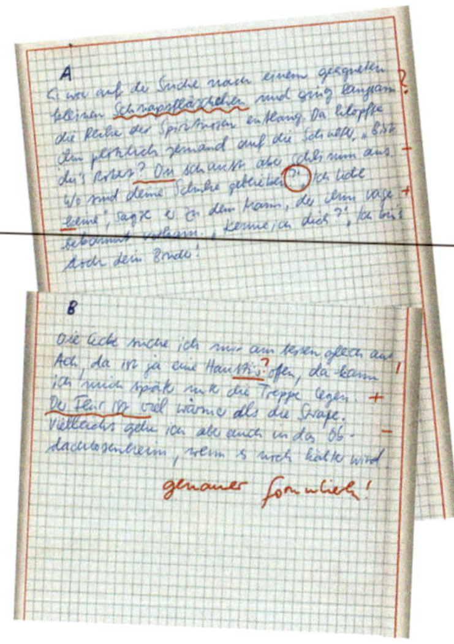

	Text A	**Text B**
Ich-Perspektive (wie im Ausgangstext)	________	________
Tempus Präsens (wie im Ausgangstext)	________	________
Weiterführung ausreichend ausgebaut	________	________
Bezug zum Hauptthema „Schuhe“ erkennbar	________	________
Nicht zu fantastisch	________	________
Stil passt zum Ausgangstext	________	________

c Wie könnte der Text noch fortgesetzt werden? Notiere deine Ideen in Stichpunkten.

____

____

9 Als kreative Aufgabe kann auch ein innerer Monolog eines Vorübergehenden geschrieben werden.

a Sammle Ideen für einen inneren Monolog, indem du die folgenden Fragen beantwortest.

In einem **inneren Monolog** gibst du die Gedanken einer Figur in der **Ich-Form** wieder. Er kann folgende Merkmale enthalten:
- Gedankensprünge
- Fragen („Wieso habe ich bloß ...?“)
- Ausrufe („Das ist doch unerhört!“)
- Interjektionen („Ach!“, „Oje“, „huch“)

- Wer könnte die/der Vorübergehende sein? ____
- Welches Sprachniveau verwendet sie/er?

  ☐ einfache Sprache ☐ gehobene Sprache ☐ komplizierter Satzbau ☐ Dialekt
- Wie denkt sie/er über die bettelnde Person? (z. B. mitfühlend, verächtlich, aufgebracht, besorgt ...)

  ____
- Wie könnte sie/er ihre/seine Gedanken abschließen? (z. B. Entschluss, Wunsch, Ausruf, Frage ...)

  ____

b Der folgende Auszug aus einem inneren Monolog wirkt wenig lebendig. Überarbeite den Text, indem du Fragen, Ausrufe oder Interjektionen einfügst.

Dieser Bettler sieht seltsam aus. Er hat Zeitungspapier um seine Füße gewickelt. Nun starrt er auch noch meine Schuhe an. Die haben mich ein Vermögen gekostet.

____

____

____

____

Den Schluss schreiben

10 **a** Im Schluss des TGA kannst du die Wirkung der Kurzgeschichte zur Sprache bringen. Welche Aussage kommt dem Inhalt der Geschichte am nächsten? Kreise sie ein.

> Deine TGA sollte immer einen **Schlussteil** enthalten. Du beschreibst darin die **Wirkung des Textes** und stellst deine **eigene Meinung** zum Inhalt oder zu Besonderheiten des Textes dar.

A *Der Text zeigt, dass jeder an seiner Situation selbst schuld ist. Die beschriebene Hauptfigur könnte bestimmt einen guten Job haben. Aber sie zieht es vor, auf der Straße zu sitzen und zu betteln. Am Ende wird dem Leser aber gezeigt, dass es immer Hoffnung gibt.*

B *Die Geschichte verdeutlicht das Lebensgefühl eines Obdachlosen, der die Menschen immer nur achtlos an sich vorbeihasten sieht und nicht am „normalen" Leben teilhaben kann. Der Text möchte beim Leser bewirken, dass er über die Situation solcher Menschen nachdenkt.*

C *Die Kurzgeschichte stellt das elende Leben vieler Menschen dar, die auf der Straße leben. Der Text soll beim Leser Mitleid erregen.*

b Ergänzend sollst du deine eigene Meinung zu der Geschichte darstellen und begründen. Beurteile die folgenden Begründungen aus Schüleraufsätzen:

Ich halte die Kurzgeschichte für gelungen, ______________________

... weil sie interessant ist. ______________________

... weil sie durch die ungewöhnliche Perspektive zum Nachdenken über die Situation Obdachloser anregt. ______________________

____

... weil sie sehr knapp geschrieben ist. ______________________

D Einen Schreibplan erstellen

1 Plane deinen Aufsatz mit Hilfe des folgenden Schreibplans. Übertrage ihn in dein Heft und notiere darin die wichtigsten Ideen in Stichpunkten.

Einleitung

In die Einleitung gehören:

Autorin, ______________________

____

Hauptteil

Inhaltszusammenfassung:

Darstellung eines kalten Novemberabends aus der Sicht einer/eines ... ______________________

Merkmale der Kurzgeschichte in diesem Text:

Inhaltlich: ______________________________

____

Aufbau: ______________________________

____

Auffällige sprachliche Mittel und ihre Aufgabe:

____

____

Kreative Aufgabe ☐ a) Fortsetzung der Geschichte ☐ b) innerer Monolog

____

Schluss

Eigene Meinung zum Inhalt und zur Darstellung:

____

____

E Den eigenen Text verfassen und überarbeiten

1 Lies die Kurzgeschichte sowie deine Ergebnisse auf den Seiten 38–49 noch einmal genau. Schreibe anschließend deinen Aufsatz in dein Heft.

2 Überarbeite deinen Text mit Hilfe der Checkliste.

Checkliste

	Ja	Nein
• Enthält die **Einleitung** die erforderlichen Informationen?	☐	☐
• Wurden im **Hauptteil** alle gestellten Aufgaben erledigt?	☐	☐
• Entspricht die **Inhaltszusammenfassung** dem Text der Kurzgeschichte?	☐	☐
• Wurden die **Merkmale der Kurzgeschichte** mit Zeilenangaben belegt?	☐	☐
• Hast du bei den auffälligen **sprachlichen Mitteln** auch deren Wirkung beschrieben?	☐	☐
• Passt die **kreative Aufgabe** inhaltlich und sprachlich zur Kurzgeschichte?	☐	☐
• Hast du im **Schluss** die Wirkung des Textes und deine eigene Meinung dargestellt?	☐	☐
• Sind die Sätze vollständig und der **Ausdruck** abwechslungsreich?	☐	☐
• Hast du **Rechtschreibung** und **Zeichensetzung** überprüft?	☐	☐

6 Am laufenden Band: Flagfootball

Einen TGA zu einer Reportage schreiben (ohne weiterführende Aufgabe)

AM LAUFENDEN BAND

Flagfootball – die harmlosere Variante von American Football

Die Spieler tragen farbige Bänder, die mit Klettverschlüssen am Gürtel befestigt sind. Die Gegner versuchen diese abzureißen.

Ziel des Angreifers ist es, mit dem Ball in den Torraum der Gegner zu gelangen.

Flagfootball ist schwer im Kommen. Es geht um Strategie und Geschicklichkeit – und darum, dem Gegner den Ball und ein Band abzujagen.

von Nicolas Büchse

Was hier an einem der letzten Sonntage im Herbst auf einem Sportplatz in Düsseldorf passiert, sieht erst mal merkwürdig aus: „Blau drei, quick snap!" Und alle tragen Gürtel mit jeweils zwei Fähnchen um die Hüfte. Plötzlich wirft ein Junge einen eiförmigen Ball, und alle stürmen in verschiedene Richtungen los.

Flagfootball heißt die Sportart, die hier gespielt wird. Sie kommt aus den USA und stammt vom American Football ab. Nur dass man für diese Variante keinen Helm und keine Schulterpolster braucht – und man auch kein Muskelpaket wie Arnold Schwarzenegger sein muss. Denn beim Flagfootball wird der Gegenspieler nicht umgeruppt, um an den Ball zu kommen.

Fünf Angriffsspieler stehen fünf Verteidigern gegenüber. Sie heißen auf Englisch „offense" und „defense". Offense-Spieler versuchen, mit dem Football in die Endzone, den Torraum des Gegners, zu laufen. Oder den Ball dort zu fangen. Das nennt man Touchdown. Die Defense versucht, dem ballführenden Angreifer ein Band oder Fähnchen (englisch: flag) vom Gürtel zu reißen. Dann muss der Angreifer stehen bleiben, und der Angriffsversuch ist gestoppt.

Marc ist 13 Jahre alt und Quarterback bei den Meerbusch Eagles, so heißt seine Mannschaft. Seit drei Jahren spielt er schon Flagfootball, und er schwärmt immer noch davon: „Das ist die Mischung aus Werfen, Fangen und Taktik, die so viel Spaß macht", sagt er.

Beim sogenannten Huddle bilden die Spieler einen Kreis, um ihre Strategie zu besprechen.

Als Quarterback ist er der Regisseur seiner Mannschaft. Er bestimmt, mit welchem Spielzug sein Team angreift. „Beim Flagfootball geht es nicht um Kraft, sondern vor allem um Taktik", erklärt er und holt eine Mappe hervor. Die Mappe heißt Playbook und ist so etwas wie das Programmierbuch seiner Mannschaft. Marc zeigt auf geheimnisvolle Kreise, Kreuze und Linien. „Das sind verschiedene Spielzüge, mit denen wir versuchen, die Verteidiger auszutricksen", sagt er. Und weil davon der Gegner nichts mitbekommen soll, ruft er jetzt seinen Mitspielern seine Spielzug-Idee in einer Geheimsprache zu: „Blau drei!"

Das heißt, dass seine Mitspieler den dritten Angriff versuchen wollen, der in ihrem Playbook blau markiert ist. Und das wiederum heißt, dass zwei von Marcs Mitspielern, die Receiver (also: Ballannehmer), zehn Schritte im Winkel von 45 Grad nach außen laufen sollen, damit dann einer von ihnen den Pass vom Quarterback abfangen kann. Das klingt erst einmal kompliziert. Kein Wunder, dass Football auch manchmal Rasenschach genannt wird. Doch so schwer ist diese Sportart gar nicht, erzählt Marc: „Keine Angst, man lernt es schnell. Und dann ist es einfach super, sich immer neue Taktik-Tricks auszudenken."

Flagfootball kam 1999 nach Deutschland, als die amerikanische Football-Liga NFL versuchte, ihren Sport auch bei uns bekannt zu machen. Inzwischen kämpfen sieben Teams in der Deutschen Flagfootball Liga um die Meisterschaft. Schülerteams tragen ihre eigene Meisterschaft aus, die German School Flag Bowl.

Marc und seine Mitschüler von der Meerbuscher Flagfootball-AG sind so etwas wie der FC Bayern München im Flagfootball. Im Vorraum der Turnhalle blinken gewaltige Pokale, sie waren schon zweimal Europameister und traten sogar bei Weltmeisterschaften in China und Kanada an.

Letztes Jahr sind sie wieder einmal Deutscher Meister in der Schülerliga geworden. 350 Zuschauer haben ihnen zugejubelt, die Stimmung war großartig, richtig meisterlich. Damals war Leonie auch schon dabei. „Wann hat man schon mal die Chance, mit einer Sport-AG Deutscher Meister oder Europameister zu werden?", fragt sie. Leonie ist 13 Jahre alt und das einzige Mädchen im Team. „Aber ich finde das überhaupt nicht schlimm: allein unter Jungs. Die stören nicht", erzählt sie und lächelt. Weil Leonie auch noch in einem Leichtathletikverein ist, weiß sie sowieso, wie man wirft und schnell läuft. Das muss sie jetzt auch schon wieder, denn Quarterback Marc ruft „Ready, game" und startet damit einen neuen Angriff seines Teams. Leonie sprintet zurück in ihre Defense-Formation.

Vielleicht, sagt Marc später, will er einmal von der Flagfootball-Variante zum American Football wechseln. So wie ein ehemaliger Spieler der Meerbusch Eagles. Der hat es sogar mit den Düsseldorf Panthern in die erste deutsche American-Football-Liga geschafft.

Aus: Yuno 2/2010, S. 56–58

Der eiförmige Ball soll in den Torraum gebracht werden. Dazu sind Schnelligkeit und Taktik gefragt.

Es gibt bereits sieben Teams in der Deutschen Flagfootball Liga und eine eigene Meisterschaft für Schülermannschaften.

Die Schulaufgabe

Erstelle gemäß der folgenden Aufgabenstellung einen vollständigen textgebundenen Aufsatz (TGA mit Einleitung, Hauptteil und Schluss). Fertige zunächst eine Gliederung deines Aufsatzes an.

1. Fasse den Inhalt zusammen.
2. Weise nach, dass es sich um eine Reportage handelt.
3. Beschreibe sprachliche Besonderheiten des Textes und deren Wirkung.
4. Stelle begründet dar, an welche Zielgruppe sich der Text richtet, und nenne mögliche Autorenabsichten.
5. Beschreibe das Layout des Textes. Gehe hierbei auch auf die Abbildungen genauer ein.

A Was wird von dir verlangt?

1 Wie musst du beim Schreiben des Aufsatzes vorgehen?
Lies die Arbeitsschritte und nummeriere sie in der richtigen Reihenfolge.

☐ Ich schreibe im Schluss meine Meinung zu dem Artikel oder zur Thematik des Textes auf.

☐ Ich lese den Text genau und beantworte W-Fragen zum Inhalt. Unbekannte Wörter versuche ich aus dem Zusammenhang zu erschließen.

☐ Ich sehe mir das Layout an und notiere Auffälligkeiten.

☐ Ich schreibe im Hauptteil über die einzelnen Teilbereiche, die die Aufgabenstellung von mir fordert.

1 Ich lese die Aufgabenstellung und den Text gründlich. Dann fertige ich auf Grundlage der Aufgabenstellung eine Gliederung an.

☐ Ich beginne meinen Aufsatz mit einer knappen Einleitung, in der ich die Autorin/den Autor, den Titel und die Quellenangaben nenne und den Inhalt in ein bis zwei Sätzen zusammenfasse.

☐ Ich markiere Schlüsselwörter (wichtige Namen, Zahlen und Fachbegriffe) in den Textabschnitten und notiere für jeden Abschnitt eine Überschrift.

B Das Textverständnis sichern

Den Text mit Hilfe von W-Fragen erschließen

1 Bevor du mit dem Schreiben beginnst, musst du dich gründlich mit dem Textinhalt auseinandersetzen.

a Lies den Text genau und beantworte die folgenden W-Fragen in Stichworten.

- Um welche Sportart geht es? ____________________
- Was macht man bei dieser Sportart? ____________________

____

- Wer wird in dem Text befragt? ____________________
- Wann kam die Sportart nach Deutschland? ____________________
- Woher kommt diese Sportart? ____________________
- Warum wird dieser Sport auch „Rasenschach" genannt? ____________________

____

b Schreibe zwei weitere W-Fragen zum Text auf und beantworte sie in Stichworten.

____

____

____

____

Das Thema des Textes erfassen

2 Kreuze an, welcher der folgenden Sätze den Textinhalt am treffendsten zusammenfasst.

- ☐ Es geht um Schüler, die American Football spielen.
- ☐ Flagfootball, das dem American Football ähnlich ist, wird in Deutschland sehr oft gespielt.
- ☐ Der Text informiert über die neue Sportart Flagfootball, die dem American Football ähnlich ist.
- ☐ In Deutschland gibt es Flagfootball, eine strategische Sportart, die an American Football erinnert, seit über 10 Jahren.
- ☐ Im Text geht es um den 13-jährigen Marc, der Quarterback bei den Meerbusch Eagles ist.

Unbekannte Wörter und Wendungen erklären

Die Bedeutung unbekannter Wörter und Wendungen kann man oft aus dem Zusammenhang klären.

3 Was bedeuten die folgenden Ausdrücke im Textzusammenhang?

a Lies im Artikel nach und unterstreiche jeweils die am besten passende Erklärung.

„Muskelpaket" (Z. 9)
- Paket mit Muskeln
- muskulöser Mensch
- starker Mensch

„umruppen" (Z. 10)
- verfolgen
- umstoßen
- vorbeilaufen

„Quarterback" (Z. 19)
- Trainer
- der beste Spieler der Mannschaft
- Spielplaner und Angreifer

„so etwas wie der FC Bayern München des Flagfootballs" (Z. 54 f.)
- eine Spitzenmannschaft
- eine alltägliche Mannschaft
- eine bayerische Mannschaft

b Suche die folgenden Fremdwörter im Text und notiere eine Erklärung in Stichworten.

- **„Variante"** (Z. 8) = ______________________
- **„Regisseur seiner Mannschaft"** (Z. 23 f.) = ______________________

____

- **„Taktik"** (Z. 26) = ______________________

C Übungen

Eine gelungene Einleitung verfassen

1 Unterstreiche in der folgenden Einleitung die einzelnen Bestandteile verschiedenfarbig und beschrifte sie mit den Begriffen aus dem Merkkasten.

Folgende Angaben sollte deine **Einleitung** enthalten:
- **Textsorte,** z. B. Bericht, Reportage
- Quellenangaben: **Titel, Autor/in, Erscheinungsort und -jahr**
- **Kernsatz,** der den Inhalt des Textes in einem Satz wiedergibt

Textsorte

Die Reportage „Am laufenden Band" wurde von Nicolas Büchse verfasst und erschien

in der Zeitschrift YUNO 2/2010. In dem Text geht es um die Sportart Flagfootball, die es nun auch

in Deutschland gibt und die dem American Football ähnlich ist.

Eine Textzusammenfassung schreiben

2 Zur Vorbereitung einer Textzusammenfassung hilft es dir, Überschriften für die Abschnitte zu finden.

a Lies zunächst die einzelnen Abschnitte im Text auf S. 50–51 und unterstreiche Schlüsselbegriffe.

b Für die ersten drei Abschnitte wurden bereits Überschriften gefunden. Ergänze die fehlenden Zeilenangaben.

c Schreibe eigene Überschriften für die übrigen Abschnitte auf.

Z. ____ – ____: *Schüler beim Flagfootballspielen in Düsseldorf*

Z. ____ – ____: *Herkunft und kurze Beschreibung der Sportart*

Z. ____ – ____: *Angreifer und Verteidiger auf der Jagd nach Ball und Band*

Z. 19–22: ______________________________

Z. 23–34: ______________________________

Z. 35–46: ______________________________

Z. 47–52: ______________________________

Z. 53–58: ______________________________

Z. 59–74: ______________________________

Z. 75–80: ______________________________

3 Mit Hilfe der Überschriften kannst du einen zusammenhängenden Text schreiben.

a Vervollständige den folgenden Anfang einer Textzusammenfassung.

Die **Inhaltszusammenfassung** formuliert man immer im **Präsens.** Sie sollte möglichst **knapp** sein und **keine wörtlichen Übernahmen** aus dem Text enthalten. Achte auf **Abwechslung im Satzbau.**

Zuerst wird geschildert, wie ______________________________

Diese Sportart, die aus ______________________ *stammt, ist mit dem*

______________________ *verwandt. Je* ______________ *Angreifer und Verteidiger kämpfen dabei um*

den Besitz eines ______________ *und eines* ______________________ *, das* ______________

____

b Die folgende Zusammenfassung des vierten Textabschnitts ist zu ausführlich geraten. Streiche überflüssige Informationen und fasse die Sätze zu einem Satz zusammen, z. B. mit Hilfe von Relativsätzen oder Einschüben.

Marc ist 13 Jahre alt. Er spielt seit 3 Jahren Flagfootball und ist Quarterback in der Mannschaft „Die Meerbusch Eagles". Jhm macht die Sportart Flagfootball großen Spaß.

____

____

c Formuliere nun die Überschriften aus Aufgabe 2 im Heft zu einer vollständigen Zusammenfassung aus. Beschränke dich auf die wichtigsten Informationen und verwende geeignete Satzverknüpfungen.

Textsortenmerkmale benennen und ihre Wirkung beschreiben

4 Weise nach, dass der Text „Am laufenden Band" eine Reportage ist. Lies dazu die Informationen im Tippkasten und kreuze alle Merkmale an, die auf den Text zutreffen.

Eine **Reportage** erkennt man an folgenden Merkmalen:
- ☐ Beschreibung eines konkreten Ereignisses
- ☐ detaillierter Einstieg (= Zoomtechnik)
- ☐ Wechsel der Zeitstufen (= Tempuswechsel)
- ☐ allgemeine Informationen zum Thema
- ☐ erlebnishafter, anschaulicher Erzählstil (Autor unmittelbar vor Ort, nahe am Geschehen)
- ☐ Aussagen verschiedener Personen (= Perspektivenwechsel), oft in Form von wörtlicher Rede
- ☐ Meinung der Autorin/des Autors wird deutlich
- ☐ Darstellung eines bestimmten Themas (mit Hintergründen und Fakten) am konkreten Beispiel
- ☐ anschauliche Fotografien/Abbildungen

5 a Verbinde die Textsortenmerkmale in der linken Spalte jeweils mit einer passenden Erläuterung aus der rechten Spalte.
b Ergänze bei den Textbelegen in der rechten Spalte die entsprechenden Zeilenangaben.

Du solltest die **Textsortenmerkmale** nicht nur benennen, sondern diese in ihrer **Funktion** oder **Wirkung** beschreiben und **am Text belegen.**

Bei dem vorliegenden Text handelt es sich um eine Reportage, da der Autor einen anschaulichen Erzählstil verwendet,	Somit lernt man verschiedene Standpunkte zu der Thematik kennen. Deutlich wird das z. B., wenn sich Marc und Leonie direkt zu ihrer Sportart äußern und neben Informationen über den Sport auch persönliche Gedanken zum Thema mitteilen („Wann hat man schon mal die Chance ...", Z. ____).
Typisch für die Textsorte ist auch der Perspektivenwechsel: Verschiedene Betroffene kommen direkt zu Wort.	So werden zur Information des Lesers Hintergründe, Zahlen und genaue Fakten genannt („Flagfootball kam 1999 nach Deutschland ...", Z. ____; „Seit drei Jahren spielt er ...", Z. ____).
Der Artikel „Am laufenden Band" handelt von einem bestimmten Thema, das an einem konkreten Beispiel ausgeführt wird.	Die Reportage wirkt daher persönlicher als ein sachlicher Bericht („Was hier an einem der letzten Sonnentage im Herbst auf einem Sportplatz in Düsseldorf ...", Z. ____).
Der Autor, der namentlich genannt wird, recherchiert vor Ort und gibt sich als Autor zu erkennen.	der den Leser direkt und unmittelbar in die Situation hineinversetzt, etwa wenn Nicolas Büchse das Geschehen auf dem Sportplatz schildert (Z. ____ – ____).

c Formuliere nun das Textsortenmerkmal „detaillierter Einstieg (= Zoomtechnik)" ausführlich aus. Im Wortspeicher findest du Formulierungshilfen.

____

____

____

Wortspeicher

Ein typisches Merkmal für eine Reportage ist auch ... Der Autor beschreibt dabei ganz genau, ...
Im Artikel „Am laufenden Band" ist dies eine konkrete Situation ...

Die Sprache analysieren

6 a Ordne die Begriffe aus dem Wortspeicher den passenden Bereichen in der Übersicht zu und trage sie in die linke Spalte ein. Zwei Lösungen sind vorgegeben.

> Bei der Sprachanalyse in deinem TGA kannst du auf die Bereiche **Wortwahl, Satzbau** und **Stilmittel** eingehen. Beschränke dich dabei auf die **auffälligen Besonderheiten** im Text.

Wortspeicher

~~Alliterationen~~ ~~anschauliche Verben und Adjektive~~ Aufzählungen Auslassungen (Ellipsen) Ausrufesätze englische Wörter (Anglizismen) Fachbegriffe Fragesätze Fremdwörter kurze Hauptsätze lange Satzgefüge Umgangssprache/Dialekt wörtliche Rede Wortneubildungen (Neologismen) Wortspiel

Wortwahl	Beispiel aus dem Text
anschauliche Verben und Adjektive	*Verben: „losstürmen" (Z. 5), „umruppen" (Z. 10)*
	Adjektive:
Satzbau	
Stilmittel	
Alliterationen	---

b Prüfe, welche der sprachlichen Besonderheiten im Text „Am laufenden Band" enthalten sind. Notiere – sofern vorhanden – jeweils ein passendes Beispiel aus dem Text in der rechten Spalte.

7 In deiner Sprachanalyse sollst du auch die Wirkung der erkannten sprachlichen Mittel beschreiben.

a Welche Wirkung wird mit den folgenden sprachlichen Besonderheiten erzielt?
Kreuze aus den drei Vorschlägen jeweils den am besten passenden an.

Der Text enthält viele **Fachbegriffe**, wie beispielsweise den Begriff „Torraum“ (Z. 14). Hier wird deutlich, dass ...

- [ ] ... der Autor über ein großes Hintergrundwissen verfügt.
- [ ] ... der Autor den Leser nicht ernst nimmt.
- [ ] ... der Autor über Hintergrundwissen verfügt und dieses dem Leser zugänglich machen will.

Durch die Verwendung vieler **wörtlicher Reden** (z. B. Z. 21 f.) gelingt es dem Autor, ...

- [ ] ... den Leser zum Schmunzeln zu bringen.
- [ ] ... dass sich der Leser wie ein „Ohrenzeuge“ ganz nahe am Geschehen fühlt.
- [ ] ... dass der Text recht unterhaltsam klingt.

Im vorliegenden Text kommen einige englische Wendungen vor („Ready, game“, Z. 71 f.). Diese **Anglizismen** ...

- [ ] ... zeigen, dass der Autor Englisch spricht.
- [ ] ... weisen darauf hin, dass sich der Text mit einer Sportart aus dem englischen Sprachraum befasst.
- [ ] ... sind nur für jugendliche Leser zu verstehen.

Auch ein **Wortspiel** findet sich im Text, denn die Überschrift „Am laufenden Band“ ist doppeldeutig:
Die Redensart steht einerseits für die Bedeutung „pausenlos, ohne anzuhalten“, andererseits

- [ ] ... verweist sie auf die Besonderheit der Sportart: Die Spieler laufen viel und tragen Fähnchen, die wie lange Bänder aussehen.
- [ ] ... vergleicht sie die Sportart Flagbootball mit den beliebten Laufbändern in Fitnessstudios.
- [ ] ... kritisiert sie die Tatsache, dass ständig neue Sportarten in Mode kommen.

b Beschreibe nun die Wirkung der folgenden sprachlichen Auffälligkeit. Ergänze den folgenden Satz.

Der Text enthält viele umgangssprachliche Ausdrücke, z. B. „ ____________ “, (Z. __).

Diese ________________________

____

____

c Wähle zwei weitere sprachliche Auffälligkeiten aus deiner Übersicht (S. 56) aus und beschreibe ihre Wirkung.

Eine weitere sprachliche Auffälligkeit im Text ist die Verwendung von ____________

____

____

Außerdem finden sich in dem Artikel ____________________

____

____

Abwechslungsreich zitieren

8 In deinem Aufsatz solltest du möglichst abwechslungsreich zitieren.

a Der Autor schreibt in seinem Text über den 13-jährigen Marc: *„Als Quarterback ist er der Regisseur seiner Mannschaft."* (Z. 23 f.) Formuliere das Zitat möglichst oft um, indem du die Lücken in den folgenden Sätzen ergänzt.

> Mit **Textverweisen** belegst du deine Aussagen über den Text.
> Wichtige Textstellen solltest du wörtlich **zitieren.** Setze **Zitate** immer in **Anführungszeichen** und ergänze eine **Zeilenangabe.**

Wie in Zeile ____ erwähnt wird, ist Quarterback Marc *„der Regisseur seiner Mannschaft".* ____________

Der Autor erklärt in Zeile ____ , dass Marc ____________________ .

____________________ , schreibt ____________________

über Marc in Zeile ____ .

Als Quarterback ist Marc, so stellt ____________ in Zeile ____ fest, ____________________

____________________ .

Der Autor vergleicht die Aufgaben eines Quarterbacks mit denen eines ____________ . (Z. ____)

b Überarbeite deine Lösungen zu Aufgabe 7c auf Seite 57 im Heft. Achte auf abwechslungsreiches Zitieren. Du kannst die Satzanfänge im Wortspeicher als Hilfe nutzen.

Wortspeicher

Der Text enthält ... Auffällig ist ... Hierbei/In diesem Zusammenhang wird deutlich, ...
Darüber hinaus ... Typisch ist auch ... Zudem hat der Verfasser ... Häufig werden hierbei ... Es finden sich ...

Absicht und Zielgruppen benennen

9 Überlege, welche Absicht der Autor des Artikels „Am laufenden Band" mit seinem Text verfolgt. Kreuze zutreffende Aussagen an.

Der Autor will ...

- ☐ über die Sportart Flagfootball informieren.
- ☐ die Sportart aus Amerika kritisieren.
- ☐ Interesse am Flagfootball wecken.
- ☐ auf die Probleme dieser Sportart aufmerksam machen.
- ☐ die Leser zum Nachdenken darüber anregen, ob dieser Sport gefährlich ist.

10 An welche Gruppe von Lesern richtet sich der Artikel? Kreuze an und begründe deine Meinung.

Der Text richtet sich vor allem an:

- ☐ Eltern
- ☐ Jugendliche
- ☐ Sporttrainer

> Hinweise auf die **Zielgruppe** eines Textes können sein:
> - der Erscheinungsort (z. B.: Zeitung, Magazin ...)
> - das Thema des Textes
> - die Wortwahl/Sprachebene

Dies erkennt man daran, dass ____________________

____

Das Layout untersuchen

In deinem Aufsatz sollst du die Bestandteile des Layouts mit Fachbegriffen benennen und ihre Funktion beschreiben.

Lass bei der Auswahl und Reihenfolge der Layout-Merkmale **dein Auge entscheiden**: Beschreibe zunächst, was dir als Erstes ins Auge fällt. Gehe dann auf weitere Einzelheiten ein.

1 Welche Funktion haben die folgenden Gestaltungselemente jeweils? Streiche in der folgenden Übersicht unsinnige Antworten durch. Ein Beispiel ist vorgegeben.

Abbildungen

Fotos, Zeichnungen	ergänzen den Textinhalt	beziehen sich auf den Text	~~zeigen immer Neues~~
Bildunterschriften	geben manchmal neue Informationen	erklären die Abbildung	sind immer lustig
Negativdruck (weiße Buchstaben auf schwarzem Grund)	ist auffällig	ist zufällig entstanden und bedeutungslos	hebt die Bildunterschrift noch deutlicher hervor

Textgestaltung

Headline (größte Überschrift)	weckt Aufmerksamkeit	informiert über wichtige Details	macht neugierig auf den Text
Untertitel (unter der Headline)	hier wiederholt sich die Aussage der Headline	gibt genauere Informationen zum Titel	ist eine weitere Überschrift
fett gedruckte Textstellen	heben etwas im Abschnitt hervor	sieht unschön aus	enthalten inhaltliche Ergänzungen
Initial (auffälliger Großbuchstabe)	hebt den Textanfang hervor	schreckt den Leser ab	hat keine Bedeutung
Absätze	gliedern den Text optisch und inhaltlich	dienen der besseren Orientierung im Text	machen den Text abwechslungsreicher
Vorspann	enthält immer die eigene Meinung des Verfassers	ist nicht immer vorhanden	gibt einen Ausblick auf den Textinhalt
Zwischenüberschriften	geben einen Ausblick auf den kommenden Absatz	gliedern den Text	sind eher zufällig gesetzt

2 Sieh dir die Abbildungen zum Artikel „Am laufenden Band" (S. 50–51) genauer an.

a Kreuze an, welche der Aussagen auf die Abbildungen zutreffen.

- ☐ Der Text enthält Zeichnungen, die Personen darstellen.
- ☐ Im Text werden ausschließlich Fotografien abgebildet.
- ☐ Mehrere Fotos zeigen Schüler beim Flagfootball.
- ☐ Die Fotos zeigen Schüler in der Pause.

b Wozu sind die Abbildungen im Text „Am laufenden Band" nützlich? Antworte in einem vollständigen Satz.

____

____

3 a Untersuche die Textgestaltung des Artikels „Am laufenden Band“ und ergänze die folgenden Sätze.

☐ *Bei der Textgestaltung fällt die fett und größer gedruckte Headline auf, die im Negativdruck abgebildet ist. Sie bewirkt, dass* ______

☐ *Zahlreiche Fotos ergänzen den Text inhaltlich. Die Bildunterschriften* ______

☐ *Der Text ist in neun Absätze untergliedert, die* ______

☐ *Auch der Untertitel ist im Negativdruck gestaltet. Dieser* ______

b Benenne ein weiteres Gestaltungselement und beschreibe seine Wirkung.

☐ ______

c In welcher Reihenfolge könntest du diese fünf Punkte in deinem Aufsatz sinnvoll ordnen? Notiere Zahlen von 1–5 in den Kästchen.

Die eigene Meinung im Schluss begründet darlegen

4 Im Schlussteil deines Aufsatzes begründest du deine eigene Meinung zum Text oder zum Thema. Ergänze die folgenden Satzanfänge.

Mich hat die Thematik des Textes ☐ *angesprochen,* ☐ *eher weniger angesprochen, weil* ______

Ich fand interessant/erstaunlich, dass ______

Wünschenswert fände ich, dass ______

D Eine Gliederung erstellen und den Aufsatz schreiben

1 Übertrage die folgende Gliederung in dein Heft.
Halte dabei die Absätze und Einrückungen ein.
Formuliere zu den Punkten A und C jeweils vollständige Sätze.
Die Punkte 2–5 kannst du auch in einer anderen Reihenfolge bearbeiten.
Schreibe sie in einer für dich sinnvollen Anordnung auf.

Eine **Gliederung** hilft dir, den **Aufbau deines Aufsatzes** zu planen. Manchmal wird sie als Teil der Schulaufgabe mit abgegeben.

A. *(Angaben zum Textinhalt, Quelle, Autorin/Autor in 1–2 Sätzen)*
B. Texterschließung
  1. Inhaltszusammenfassung
  2. Textsorte: Reportage
  3. Sprache
    a) Satzbau
    b) Wortwahl
    c) Stilmittel
  4. Autorenabsichten und Zielgruppen
  5. Textäußeres/Layout
    a) Textgestaltung
    b) Abbildungen (Fotos)
C. *(eigene Meinung zum Thema des Textes in einem Satz)*

2 Schreibe einen vollständigen textgebundenen Aufsatz zu der Reportage „Am laufenden Band" in dein Heft. Orientiere dich dabei an deiner Gliederung und nutze deine Ergebnisse auf den Seiten 52–60.

3 Überprüfe anschließend deinen Aufsatz mit Hilfe der Checkliste und überarbeite ihn.

Checkliste

	Ja	Nein
• Die **Einleitung** enthält alle nötigen Angaben (Titel, Autor, Erscheinungsort und -jahr) und eine Kurzzusammenfassung des Inhalts in ein bis zwei Sätzen.	☐	☐
• Der Aufsatz steht in der Zeitstufe **Präsens**.	☐	☐
• Im **Hauptteil** habe ich gemäß der Gliederung alle geforderten Aufgaben bearbeitet:	☐	☐
– Die **Inhaltsangabe** fasst die Abschnitte des Textes knapp und logisch zusammen. Wichtige Begriffe, Zahlen und Namen werden genannt.	☐	☐
– Die **Textsorte** wurde durch treffende Merkmale aus dem Text belegt.	☐	☐
– Die **Sprachanalyse** benennt Auffälligkeiten aus den Bereichen **Satzbau, Wortwahl, Stilmittel** und beschreibt ihre Wirkung. Als Beleg werden passende Textbeispiele und Zeilenangaben angeführt.	☐	☐
– **Autorenabsichten** und **mögliche Zielgruppen** wurden begründet benannt und mit Zitaten belegt.	☐	☐
– Das **Textäußere** wurde hinsichtlich seiner Text- und Bildgestaltung beschrieben und in seiner Wirkung auf den Leser erläutert.	☐	☐
• Der **Schluss** gibt meinen Standpunkt zum Text und seiner Thematik wieder.	☐	☐

7 Jugendliche in Schule und Freizeit
Grundwissenstest

In diesem Kapitel übst du den Umgang mit einem **Test** und mit verschiedenen **Aufgabentypen**.

Du findest Aufgaben zu den Themen
A Mit einem Sachtext umgehen (S. 62–65)
B Mit einem literarischen Text umgehen (S. 66–69)
C Mit Grafiken umgehen (S. 69–71)
D Rechtschreibung und Zeichensetzung (S. 71)

Lies die Texte und Arbeitsanweisungen aufmerksam und bearbeite dann die Aufgaben.

Versuche den Test zügig durchzuarbeiten. Kommst du einmal nicht weiter, gehe zur nächsten Aufgabe über. Nimm dir ungelöste Aufgaben später noch einmal vor.

A Mit einem Sachtext umgehen

Respekt im Netz

Außerschulisches „Media College“ macht Jugendliche stark gegen Cybermobbing und Datenmissbrauch

von Christine Plaß

Im Rahmen des Programms *Think Big Media College der Deutschen Kinder- und Jugendstiftung fand im Herbst 2010 ein Workshop für benachteiligte Jugendliche statt. Mit Medienexperten diskutierten sie über Gefahren und Chancen des Internets und setzten gemeinsam ihre Ideen für ein Musikvideo zum Song „Sky's the limit“ mit Rapper Kool Savas um.**

1 **Gnewikow.** Viel los ist nicht in diesem brandenburgischen Dorf, wo 40 Jugendliche aus ganz Deutschland freiwillig eine Woche Herbstferien verbringen. Der Berliner Rapper Kool Savas wollte einen Tag lang zu Besuch kommen, nun ist er schon drei Tage hier. Für die sieben Mädchen und 33 Jungen im Alter zwischen 16 bis 21 Jahren sind die Tage hier etwas Besonderes. Sie dürfen zusammen ein Video für Kool Savas' neuen Song „Sky's the limit“ drehen.

2 Heute diskutieren 20 von ihnen über „Respekt im Internet“. In der Gruppe „Cybermobbing“ berichten Mädchen von dubiosen[1] Anfragen, nach denen sie beleidigt oder mit Mails bombardiert wurden. Sie haben sich damit abgefunden, dass es im Internet Leute gibt, die es lustig finden, mit Sprüchen wie „Du bist voll fett!“ zu provozieren. „Die machen das bestimmt, weil sie sich sicher hinter ihrem PC fühlen“, ist ein Junge überzeugt. Seine Kumpel finden es ganz normal, wenn sie sich im Internet gegenseitig beleidigen. „Das ist doch kein Mobbing!“ Mobbing, meinen andere, ist in der Schule viel schlimmer, weil man ihm dort jeden Tag erneut ausgeliefert ist. Den Computer kann man ausmachen oder die beleidigende Person sperren.

Respekt ist keine Einbahnstraße

3 In der Gruppe „Datenschutz“ werden abschreckende Geschichten erzählt. Ein Mädchen berichtet, wie das Porträtfoto ihrer Schwester auf einen nackten Frauenkörper gesetzt wurde und im Internet kursierte. Auf ihr eigenes Profil wollen sie trotzdem nicht verzichten. Kool Savas versteht das nicht: „Warum sind wir alle in diesem Wahn? Kann man sich dem nicht entgegenstellen?“ Er erntet Applaus, aber dass sie jetzt alle ihren Facebook-Account löschen, ist nicht zu erwarten. Ein Mädchen sieht das Internet als Chance, zu zeigen, was sie kann. Sie hat einen Artikel für eine Zeitung geschrieben und freut sich, dass der Bericht auftaucht, wenn sie ihren Namen googelt.

„Was braucht ihr, um sicher im Netz unterwegs zu sein?“, wollen die Veranstalter des *Think Big Media College* wissen. Die Jugendlichen verlangen, dass ihre Daten von Facebook nicht weitergegeben werden. Sie wollen nicht mit allem, was sie im Internet veröffentlichen, gegoogelt werden können. Sie wünschen sich leicht verständliche AGBs[2] und Datenschutzbestimmungen sowie persönliche Ansprechpartner. Eltern sind nur bedingt hilfreich, weil sie sich meist nicht so gut auskennen. Wichtig sind Eltern, wenn es darum geht, ihre Kinder vom Computer wegzubekommen. Loredana (17) findet es gut, dass ihre Mutter die Zeit zum Surfen begrenzt. Mikis, der Videoclip-Regisseur, sagt: „Ich find's auch gut. Denn wenn du im Netz gewesen wärst und nicht im Jugendzentrum, dann wärst du jetzt nicht hier.“

Manchmal ist es cooler, Nein zu sagen

4 „Ihr seid nie unsichtbar im Netz“, warnt der Moderator zum Abschluss und jeder weiß, dass es auch fürs illegale Downloaden gilt. Kool Savas möchte auch noch etwas loswerden. Er erklärt den Jugendlichen, dass das Gehirn keinen Unterschied zwischen Fiktion[3] und Realität macht und rät ihnen deshalb, sich keine Gewaltvideos anzusehen und auch Jüngere davor zu schützen. „Helft Kleineren, dass sie sich das nicht angucken!“ Regisseur Mikis hat sich auch schon mal aus Sensationslust Gewaltbilder angesehen und weiß aus Erfahrung: „Ihr kommt schlecht drauf. Es sind Bilder, die sich festbrennen im Kopf. Seid cool und sagt: Ich schau mir das nicht an.“

5 Dann ist die Diskussion vorbei, aber die Gespräche gehen weiter. Regisseur Mikis zieht Bilanz: „Das Drehen mit den Jugendlichen war sehr, sehr gut. Ich bin überrascht. „Sky's the limit“[4] heißt der Song von Kool Savas und das haben wir gemerkt!“ Die Jugendlichen haben nicht nur gezeigt, dass sie tanzen, rappen, schauspielern und unglaublich cool sein können. Sie haben auch bewiesen, wie mucksmäuschenstill und hochkonzentriert eine große Gruppe sein kann, wenn es darauf ankommt. Mikis gibt ihnen zum Abschied mit auf den Weg: „Jeder von euch hat bestimmt schon einen Lehrer gehabt, der gesagt hat: Das kannst du nicht. Aber ihr habt ein supercooles Video mit Savas gedreht! Richtig professionell! Wer will euch noch sagen: Das kannst du nicht?“ Die Mitarbeiter des Mediencolleges hoffen, dass solche Sätze noch lange im Gedächtnis bleiben.

Quelle: bildung SPEZIAL 1/2011

* **das College** – (hier:) eine Weiterbildung
1 **dubios** – fragwürdig, verdächtig
2 **AGB** – „allgemeine Geschäftsbestimmungen“: Bedingungen in einem Vertrag
3 **die Fiktion** – etwas Erfundenes, das es in der Wirklichkeit nicht gibt
4 **Sky's the limit** – (*engl.*) Nur der Himmel ist die Grenze. / Nach oben sind keine Grenzen gesetzt.

Aufgaben zum Textverständnis

1 Der Text informiert über

1 Punkt

- ein College, in dem man lernt, Musik zu machen. ☐
- einen Workshop zum Umgang mit Medien. ☐
- den respektvollen Umgang mit bildungsbenachteiligten Jugendlichen. ☐
- das Leben des Rappers Kool Savas. ☐

2 Der Text besteht aus fünf Absätzen. Ordne jedem Absatz eine der Überschriften A–F zu und trage den Buchstaben in das Kästchen ein. Eine Überschrift bleibt übrig.

5 Punkte

Absatz 1 ☐ **Absatz 2** ☐ **Absatz 3** ☐ **Absatz 4** ☐ **Absatz 5** ☐

A Warnung vor illegalen Downloads und Gewaltvideos
B Teilnahme von Jugendlichen an einem Medien-Workshop
C Gefahren und Datenschutz im Internet
D Fazit: gelungenes Video zum Song „Sky's the limit“
E Erfahrungen mit Rappern
F Diskussion über Mobbing im Internet

3 **5 Punkte** Steht das im Text? Lies genau und kreuze an, ob die folgenden Aussagen zutreffen oder nicht.

	Ja	Nein
• Am Medien-College nahmen insgesamt 20 Jugendliche teil.	☐	☐
• Mobbing im Internet finden manche der Jugendlichen weniger schlimm als Mobbing in der Schule.	☐	☐
• Viele Jugendliche verzichten auf ein eigenes Profil in Facebook.	☐	☐
• Einige sehen das Internet als Chance, um zu zeigen, was sie können.	☐	☐
• Nur die Eltern können jüngere Kinder vor Gewaltvideos schützen.	☐	☐

4 **2 Punkte** Nenne zwei Beispiele für Cybermobbing, die im Text genannt werden. Schreibe Stichpunkte auf und gib die Zeilen aus dem Text an.

1. ______________________________

____

2. ______________________________

____

5 **2 Punkte** Im Text verlangen die Jugendlichen mehr Respekt und Sicherheit im Netz. Formuliere dazu zwei appellative Sätze, z. B.:
An die Betreiber sozialer Netzwerke: Gebt unsere Daten nicht weiter!

1. ______________________________

____

2. ______________________________

____

6 **1 Punkt** Erkläre in einem Satz, was in dem Text mit dieser Aussage gemeint ist:
„Manchmal ist es cooler, Nein zu sagen." (Z. 35)

____

____

____

7 **6 Punkte** Die folgenden Aussagen beschreiben die Textsorte genauer. Entscheide, welche der blau markierten Vorgaben jeweils richtig ist, und streiche die falschen Angaben durch.

Es handelt sich bei dem Artikel um eine **Reportage/eine Inhaltsangabe**, also um einen **journalistischen/literarischen** Text. Die Journalistin Christine Plaß war vor Ort und hat zu ihrem Thema **etwas erfunden/recherchiert**. Der Artikel enthält wichtige **Vorteile/Informationen** über die Ferienfreizeit von Jugendlichen in einem Medien-College. Dafür wurden Teilnehmerinnen und Teilnehmer **interviewt/beurteilt**. Manche ihrer Äußerungen wurden als **Fragen/Zitate** wörtlich wiedergegeben. Der Fließtext beginnt mit einem **spannenden/situativen** Einstieg, der die Leserinnen und Leser an den Ort des Geschehens holt. Der Artikel spiegelt stellenweise auch die **Meinung/Verfassung** der Autorin wider. Als Zeitstufe wurde das **Perfekt/Präsens** bevorzugt, um die **Leserinnen und Leser/Sportlerinnen und Sportler** am Erlebnis teilhaben zu lassen.

Aufgaben zum argumentativen Schreiben

8 **2 Punkte** Im Text wird festgestellt, dass sich manche Eltern zu wenig mit dem Computer bzw. dem Internet auskennen. Nenne zwei Gründe, weshalb es von Vorteil wäre, wenn Eltern ihren Kindern beim Umgang mit dem Computer helfen könnten. Formuliere deine Antworten in vollständigen Sätzen.

1. ______________________________

____

____

2. ______________________________

____

____

9 **Punkte** Die Jugendlichen im Text verbringen ihre Herbstferien in einem „Medien-College". Weshalb kann ein solcher Aufenthalt für Jugendliche sinnvoll sein? Nenne zwei Begründungen.

1. Ein „Medien-College" für Jugendliche ist sinnvoll, weil ... ______________________________

____

____

____

2. ______________________________

____

____

____

B Mit einem literarischen Text umgehen

Gaby Memminger

Macht der Gewohnheit

1 Bisher war es Mirko egal gewesen. Einige Jungen und Mädchen in seiner Klasse brachten zu viele Pfunde auf die Waage. Da fiel er nicht ins Gewicht, glaubte Mirko. Aber heute im Sportunterricht hätte er auf einmal zu den anderen gehören wollen. Wenn er doch nur ohne Verschnaufpause auskommen könnte! Wieder saß er verschwitzt und keuchend am Spielfeldrand. Als es vor seinen Augen zu flimmern begann, verschwand er schnell in die Umkleidekabine. Dort sah keiner, wie er aus seiner Sporttasche wahllos einen Schokoriegel nahm.

2 Zu Hause setzte Mirko sich an den Küchentisch. Seine Mutter kochte jeden Tag zu Mittag und nochmals zu Abend. Sie selber aß nicht mit. Mirko fiel zum ersten Mal auf, dass er seine Mutter nie beim Essen sah. Dafür war sie gertenschlank, rauchte ununterbrochen und nippte gelegentlich an ihrer Kaffeetasse. Sein Vater war die ganze Woche geschäftlich unterwegs. Am Wochenende sah ihn der Junge nur zu den Mahlzeiten. Obwohl Mirko keinen Hunger hatte, verschlang er das panierte Schnitzel mit Pommes und Butterbohnen. Seit er denken kann, hatte seine Mutter ihm eingetrichtert, den Teller leer zu essen. Nur dann bekam er auch Nachspeise. Eine doppelte Portion Vanillepudding mit Schlagsahne rutschte gemächlich in seinen Magen und formte seine Lippen zu einem Lächeln. Nun war er bereit, seine Hausaufgaben zu erledigen und den Rest des Tages abwechselnd vorm Fernseher und Computer zu verbringen. Als er später in seinem Zimmer vor der Glotze saß, musste er an Kathrin denken. Sie war neu in der Klasse. Was sie jetzt wohl tat?

3 Am nächsten Schultag hielt Mirko vergeblich Ausschau nach Kathrin. Sie hatte sich beim Skifahren das Bein gebrochen. Kein schlechter Sport, fand Mirko. Schließlich schaute er die Abfahrtswettkämpfe im Sportkanal. Nur war die Unfallquote sehr hoch. Hoffentlich hatte das Mädchen keinen komplizierten Bruch. Das tat bestimmt höllisch weh, überlegte Mirko. Einer spontanen Idee folgend, sprach er in der Pause Julia an. Sie hatte sich bereit erklärt, Kathrin Kopien der Hefteinträge zu bringen, um die Kranke über das Geschehen im Unterricht auf dem Laufenden zu halten. Mirko wollte Julia begleiten. Die Mitschülerin traute ihren Ohren nicht. „Wohnst du nicht am anderen Ende der Stadt?“ Mirko bestätigte dies. „Ja. Und?“ Das Mädchen bohrte weiter: „Kennst du Kathrin denn näher? Oder bist du vielleicht mit ihr verwandt?“ Irritiert schüttelte Mirko den Kopf. „Nein! Wieso fragst du?“ Ein breites Grinsen schlich über Julias Gesicht. „Hey, hört mal alle her! Der Wabbel ist in Kathrin verknallt!“ Augenblicklich richtete sich die Aufmerksamkeit der Umstehenden auf Mirko. Er spürte deutlich, wie sein Gesicht rot anlief. Gelächter umzingelte ihn. Während er das Weite suchte, verfluchte er innerlich sein Vorhaben. Wie konnte er nur so blöd sein, sich an Julia zu wenden?!

4 In den nächsten Stunden und Tagen stichelten Mirkos Mitschüler auf ihn ein. „Schöne Grüße von Kathrin. Sie vermisst dich ganz doll!“ Sogar Axel, sein Banknachbar und bester Freund, hielt sich nicht zurück. „Was willst du mit der dürren Zicke? Die ist doch dumm wie Stroh!“ Mirko sagte zu alldem nichts. Am Morgen hatte er beim Bäcker eine Schokobanane gekauft, die aß er jetzt genüsslich. Mit jedem Bissen wurde ihm wärmer ums Herz. Er vergaß alles um sich herum.

5 Nach zwei Wochen kam Kathrin mit Krücken zur Schule. Die Hänseleien hatten in den letzten Tagen abgenommen. Nun beobachteten die Schüler jede Bewegung und jeden Blick von Mirko und Kathrin, dem Traumpaar, wie sie es nannten. Es wurde auch nicht mit Ratschlägen gespart. „Willst du deine Braut nicht umarmen? Aber drück sie nicht zu fest!“ Kathrin reagierte mit keiner Silbe auf die Bemerkungen. Irgendwie war Mirko froh darüber. Jetzt, da sie wieder hier war, traute er sich nicht, mit ihr zu sprechen. Stattdessen begnügte er sich damit, sie unauffällig anzusehen. Nichts hatte sich verändert. Es würde so weitergehen wie bisher.

Aufgaben zum Textverständnis

1 Den Inhalt der Textabschnitte kann man in Kernaussagen zusammenfassen.
5 Punkte Kreuze die Aussage an, die den Inhalt des Abschnitts jeweils am besten wiedergibt.

Abschnitt 1
- Mirko ist ein dicker Junge. ☐
- Obwohl er möchte, kann Mirko im Sport nicht mithalten. ☐
- Mirko ernährt sich gern von Schokoriegeln. ☐

Abschnitt 2
- Die Eltern sorgen für eine ausgewogene Ernährung der Familie. ☐
- Mirko hat eine Freundin namens Kathrin. ☐
- Der Junge ist gewohnt, viel zu essen, fernzusehen und Computer zu spielen. ☐

Abschnitt 3
- Julia ist auf Kathrin eifersüchtig. ☐
- Kathrin versäumt wegen eines Beinbruchs viel Unterricht. ☐
- Mirko interessiert sich für Kathrin und wird dafür gehanselt. ☐

Abschnitt 4
- Mirko schluckt den Frust über die Hänseleien mit Essen hinunter. ☐
- Die Mitschüler haben Mitleid mit Mirko, weil Kathrin ihn vermisst. ☐
- Mirkos Freund und Banknachbar Axel tröstet ihn. ☐

Abschnitt 5
- Kathrin und Mirko sind weiterhin ganz normale Klassenkameraden. ☐
- Die Mitschüler freuen sich darüber, dass Kathrin wieder da ist. ☐
- Mirko und Kathrin fühlen sich als Traumpaar. ☐

2 Überprüfe die folgenden Aussagen anhand des Textes. Es ist immer nur ein Kreuz möglich.
Punkte

	Richtig	Falsch	Nicht im Text enthalten
• Mirko möchte im Sport so gut sein wie seine Klassenkameraden.	☐	☐	☐
• Mirkos Eltern kümmern sich beide gleichermaßen um ihren Sohn.	☐	☐	☐
• Mirko vergisst alles um sich herum, wenn ihn Kathrin anschaut.	☐	☐	☐
• Kathrin wehrt sich gegen die Bemerkungen der anderen.	☐	☐	☐

3 Inwiefern passt die Überschrift „Macht der Gewohnheit" zum Inhalt des Textes?
Punkte Kreuze passende Erklärungen an.

- Mirko ist es gewöhnt, seinen Mitschülern die Hausaufgaben zu bringen. ☐
- Mirko hat Schwierigkeiten, sich sein falsches Essverhalten abzugewöhnen. ☐
- Viele Menschen brechen sich beim Skifahren ein Bein. ☐
- Für Mirko und Kathrin geht am Ende alles wieder den gewohnten Gang. ☐

Aufgaben zur Ausdrucksfähigkeit

4
3 Punkte

Forme die wörtliche Rede in indirekte Rede um.

Eine Mitschülerin fragte Mirko: „Wohnst du nicht am anderen Ende der Stadt?“

____

Julia schrie: „Mirko ist in Kathrin verknallt!“

____

Axel wollte von Mirko wissen: „Warum gehst du zu Kathrin?“

____

5
5 Punkte

Ersetze die unterstrichenen Ausdrücke durch andere Begriffe mit der gleichen Bedeutung.

Hoffentlich hatte das Mädchen keinen komplizierten Bruch. (Z. 22)

____

Einer spontanen Idee folgend, sprach er in der Pause Julia an. (Z. 22)

____

Die Mitschülerin traute ihren Ohren nicht. (Z. 24)

____

Während er das Weite suchte, verfluchte er innerlich sein Vorhaben. (Z. 32)

____

Mit jedem Bissen wurde ihm wärmer ums Herz. (Z. 37)

____

6
2 Punkte

Verbinde die Sätze mit einer geeigneten Konjunktion aus dem Wortspeicher. Schreibe die Sätze neu auf.

Wortspeicher
obwohl weil
dass wenn aber

Die Mitschüler kennen Mirko nur als „Loser“. Das stört ihn sehr.

____

____

Mirko möchte wie seine Freunde sein. Es gelingt ihm nicht, seine Gewohnheit aufzugeben.

____

____

7
4 Punkte

Ersetze die unterstrichenen französischen Fremdwörter durch bedeutungsgleiche deutsche Ausdrücke. Schreibe das deutsche Wort auf die Zeile daneben.

Mirko ist froh, dass Kathrin ihm eine Blamage erspart hat. ______________________

Ein Rendezvous mit Kathrin fände er zwar wunderbar, ______________________

aber er hatte bisher einfach nicht die Courage sie anzusprechen. ______________________

Lieber wartet er auf eine zweite Chance. ______________________

C Mit Grafiken umgehen

Die folgenden Grafiken sind einer Studie zum Lern-, Sport- und Freizeitverhalten von Realschülern entnommen.

Grafik 1: Zusätzliche zeitliche Beanspruchung neben dem Unterricht in Form von Hausaufgaben, schriftlichen Zusatzübungen und mündlicher Vorbereitung in den einzelnen Jahrgangsstufen (Angaben in Minuten pro Tag)

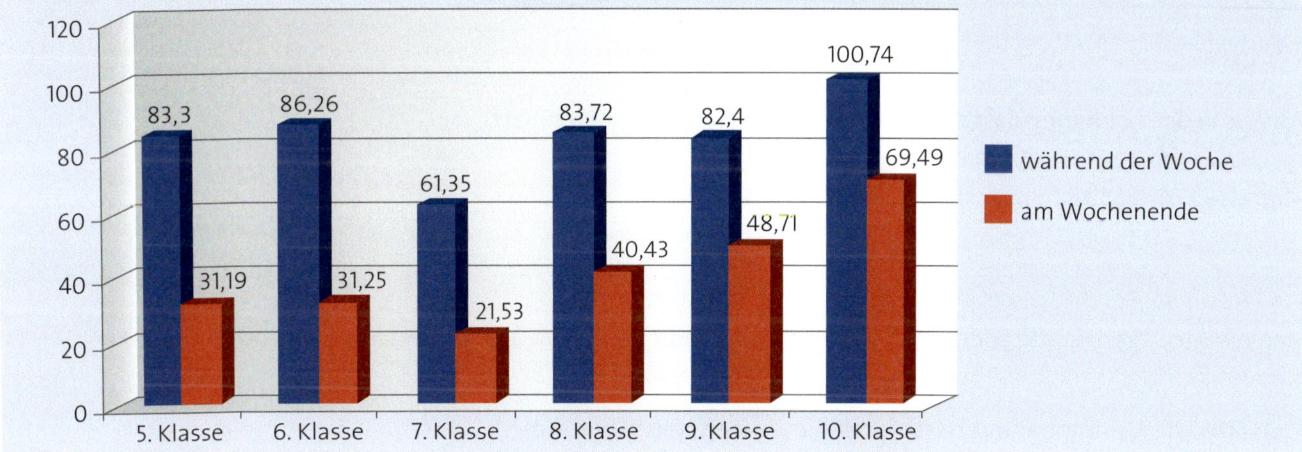

1
1 Punkt

Gib das Thema der Grafik in eigenen Worten wieder.

Die Grafik zeigt, ______________________

____

____

2
1 Punkt

Was erfährst du in der Grafik über die tägliche zusätzliche Belastung von Achtklässlern während der Woche im Vergleich zum Wochenende? ______________________

____

____

3
1 Punkt

Vergleiche die tägliche zusätzliche Belastung für Schüler von der 7. bis zur 10. Jahrgangsstufe am Wochenende. Beschreibe, was sich verändert.

____

____

Grafik 2: Informationsmedium Zeitung

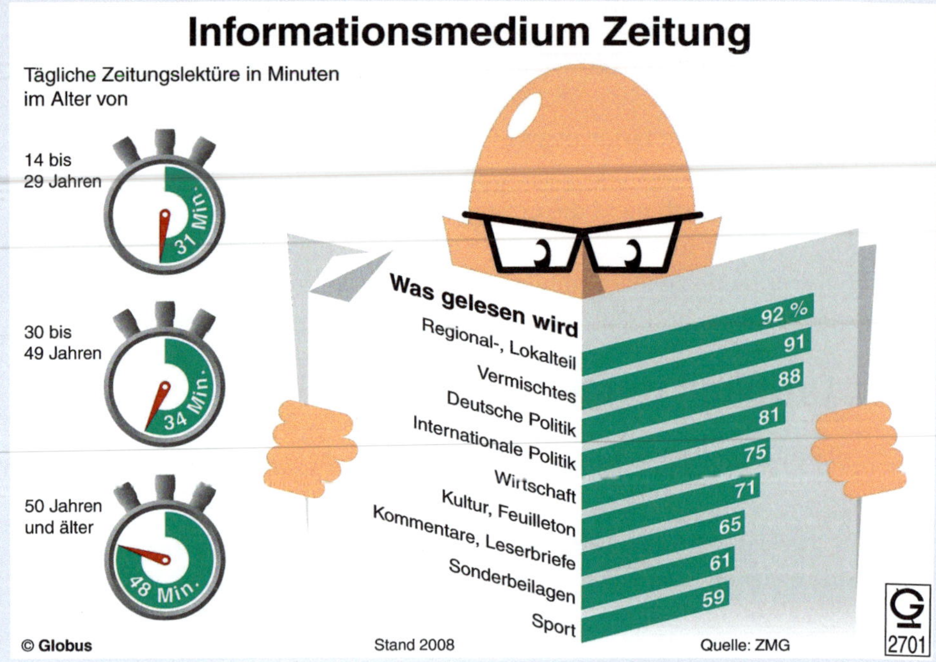

4 1 Punkt

Was ist in der Abbildung dargestellt? Schreibe einen vollständigen Satz.

____

____

5 6 Punkte

Sind die Aussagen richtig oder falsch? Überprüfe anhand der Grafik und kreuze an.

	Richtig	Falsch
• Je älter die Menschen sind, desto länger lesen sie täglich Zeitung.	☐	☐
• Junge Leute von 14 bis 29 Jahren lesen etwa eine halbe Stunde pro Tag Zeitung.	☐	☐
• Der Sportteil wird durchschnittlich 59 Minuten pro Tag gelesen.	☐	☐
• Regionale Nachrichten werden von den meisten gelesen.	☐	☐
• Für deutsche Politik interessieren sich die wenigsten Zeitungsleser.	☐	☐
• 75 Prozent der Zeitungsleser lesen die Wirtschaftsnachrichten.	☐	☐

Grafik 3: Täglicher Zeitaufwand für Fernsehen und Freunde während der Woche und am Wochenende (Angaben in Minuten)

	TV/Woche	TV/Wochenende	Freunde/Woche	Freunde/Wochenende
5. Klasse	51,40	63,02	76,75	53,25
6. Klasse	74,40	92,83	138,26	113,26
7. Klasse	76,57	90,00	128,00	217,92
8. Klasse	86,59	86,59	172,07	240,52
9. Klasse	97,65	115,52	119,05	207,40
10. Klasse	97,69	115,78	115,44	193,73

6
1 Punkt

Welche der folgenden Aussagen gibt das Thema der Tabelle (Grafik 3 auf S. 70) am besten wieder? Kreuze an.

- Die Tabelle zeigt, wie viele Stunden Schüler der Klassen 5 bis 10 mit Fernsehen verbringen. ☐
- Anhand der Tabelle lässt sich ablesen, wie viel Zeit Schüler der Klassen 5 bis 10 während der Woche und am Wochenende mit Fernsehen und mit Freunden verbringen. ☐
- In der Tabelle wird dargestellt, wie viele Minuten Schüler der fünften bis zur zehnten Klasse in vier Wochen mit Fernsehen und mit Freunden verbringen. ☐

7
Punkte

Welche Informationen kann man aus der Tabelle herauslesen? Kreuze an.

	Richtig	Falsch
• Achtklässler verbringen während der Woche mehr Zeit mit Freunden als mit Fernsehen.	☐	☐
• Der Zeitaufwand für Freunde am Wochenende ist immer niedriger als fürs Fernsehen.	☐	☐
• Jüngere Schüler wenden für Fernsehen und Freunde mehr Zeit auf.	☐	☐
• Zehntklässler verbringen mehr Zeit mit Freunden als Schüler der anderen Jahrgangsstufen.	☐	☐
• Achtklässler verbringen am Wochenende mehr als doppelt so viel Zeit mit Freunden als Sechstklässler.	☐	☐

D Rechtschreibung und Zeichensetzung

1
Punkte

Der folgende Text enthält **8 Rechtschreibfehler**. **4 Kommas** fehlen.

a Unterstreiche die falsch geschriebenen Wörter. Schreibe sie am Rand richtig auf.

b Setze die fehlenden Kommas ein. Achtung: Für jedes falsch gesetzte Komma wird ein Punkt abgezogen.

Von wegen „Null-Bock-Generation"

Immer wieder werden neue Studien heraus gebracht die sich mit dem Freizeitverhalten von Jugendlichen beschäftigen. Der Grund liegt vielleicht in der Annahme vieler Erwachsener das Schüler im Alter von 10–18 Jahren häufig „null Bock auf gar nichts" hätten. Sie würden nur tun, was zu tun sei: nämlich in die Schule gehen. Und selbst hier liesen die Anstrengung und die Bereitschaft zum lernen zu wünschen übrig. Viele seien nur an wenigen Dingen interesiert und nur zu wenig Leistung bereit.

Doch zwei unabhängige Untersuchungen an Realschulen kommen zu folgendem Ergebniss: Ab der 7. Jahrgangsstufe werden Schüler aktiver. Sie unternehmen besonders am Wochenende viel mit Freunden oder sind von Morgens bis zum Abend in Vereinen aktiv. Wenn auch das Engagemant für die Schule zunächst eher gering ist so steigert es sich schließlich im Verlauf der Schulzeit bis zur 10. Klasse während gleichzeitig die außerschulischen Aktivitäten wieder abnehmen.

Daraus lässt sich folgern: Die Jugendlichen haben Bock – nur eben nicht immer auf Schule.

Textquellen

S. 38 f.: Kristin Kopf: Schuhe. Aus: 17 Kurze. Kurzgeschichten aus dem Netz. Pertes Verlag, Düsseldorf 2002

S. 50 f.: Am laufenden Band. Aus: Yuno 02/2012, S. 56–58

S. 62 f.: Respekt im Netz. Aus: bildung SPEZIAL 1/2011, S. 36–38

S. 66: Macht der Gewohnheit. Verändert aus: Grafenauer/Memminger: Fabel, Reportage & Co. Auer Verlag, Donauwörth 2008

S. 69: Grafik 1: Zusätzliche zeitliche Beanspruchung neben dem Unterricht ... Aus: brlv Zeitschrift, 3/2011, S. 30

S. 70: Grafik 2: Informationsmedium Zeitung. Aus: Globus/ZMG 2002
Grafik 3: Täglicher Zeitaufwand für Fernsehen und Freunde ... Aus: brlv Zeitschrift, 3/2011, S. 31

Bildquellen

S. 4, 5, 8: Sheldon Memorial Art Gallery and Sculpture Garden, Lincoln, USA

S. 22: © seb hovaguimian – Fotolia.com

S. 30: picture-alliance/chromorange

S. 50: rechts oben, links oben: ©iStockphoto.com/Andrew Rich; unten: © iStockphoto.com/Mark Sauerwein

S. 51: links unten: ©iStockphoto.com/David Lee; rechts unten: © iStockphoto.com/Kris Hanke

S. 62: Deutsche Kinder- u. Jugendstiftung, Berlin

S. 70: picture-alliance/dpa-infografik

Impressum

Redaktion: Otmar Käge, Stefanie Schumacher

Bildrecherche: Eireen Junge

Illustrationen: Maja Bohn, Berlin

Umschlagfoto: © Imagebrokers/Photoshot

Layoutkonzept und Umschlaggestaltung: werkstatt für gebrauchsgrafik, Berlin

Technische Umsetzung: L101 Mediengestaltung, Berlin

www.cornelsen.de

1. Auflage, 1. Druck 2012

Druck: Himmer AG, Augsburg

ISBN 978-3-06-062440-9

Inhalt gedruckt auf säurefreiem Papier aus nachhaltiger Forstwirtschaft.

Realschule Bayern

Schulaufgabentrainer Deutsch 8

Lösungen

1 In jedem Bild steckt eine Geschichte

Zu einem Bild erzählen

Seite 4

A Was wird von dir verlangt?

1 Lösungswort: HOPPER

Seite 5

B Das Bild erschließen und eigene Ideen sammeln

1 a *So könnte deine Lösung lauten:*
Ort: ein Wohnzimmer
Personen: ein Mann und eine Frau (Ehepaar?)
Was die Personen tun: Mann liest Zeitung; Frau sitzt am Klavier
Besonders auffällig: elegante Kleidung (Anzug, rotes Kleid), edle Einrichtungsgegenstände; Frau wendet sich ab, Mann über Zeitung gebeugt
Stimmung: wirkt gedrückt, Spannung zwischen den Personen, Nachdenklichkeit

b *Diese Stichpunkte könntest du in deiner Mind-Map ergänzt haben:*

Ort/Zeit	Wo befindet sich der Raum? Wohnhaus in München Jahres- und Tageszeit? Sommerabend
Personen	Wer sind die Personen? Frank Perlitz, Bankier, streng Frieda Perlitz, Musikerin, träumerisch Weitere Person, die eine Rolle spielen könnte: Tochter (14 J.)
Sinneseindrücke	Geräusche: Knistern der Zeitung, Räuspern, Klavierklimpern, Seufzen Gerüche: frische Abendluft, Rasierwasser/Parfüm Gefühle: Spannung, Ärger, Gekränktsein
Meine Überschrift für das Bild	Kein Tag wie jeder andere
Anlass der Situation/Vorgeschichte	Wie könnte die Situation entstanden sein? Tochter will ins Ferienlager fahren → Familiendiskussion → Streit der Eltern
Folgen/Auswirkungen	Was könnte danach geschehen? Einigung der Eltern, Erlaubnis für Tochter

Seite 6

C Übungen zum Erzählen

Das Bild im Aufsatz platzieren

1 „Verena berührte leicht die Tasten ..." = C (Bild als Schluss)
„Langsam wurde es dunkel ..." = A (Bild als Einleitung)
Ein Beispiel für Möglichkeit B (Aufgreifen des Bilds im Hauptteil) findest du im Musteraufsatz auf Seite 4 f. in diesem Lösungsheft.

Seite 7

Eine Erzählperspektive auswählen

2 a Erster Text: Ich-Form, aus Sicht des Vaters
Zweiter Text: Sie-Form, aus Sicht der Nichte Sandra

b *Beispiellösungen:*
Fortsetzung des ersten Textes: Christina drehte sich um, stand auf und setzte sich zu mir auf die Lehne des Polstersessels. Sie legte den Arm um meine Schulter und sagte klar und deutlich: „Herbert, den ganzen Tag warte ich auf dich, und wenn du am Abend heimkommst, ziehst du deine Jacke aus, setzt dich in deinen Sessel, liest deine Zeitung und sprichst kein Wort! Ich sage dir: Ich will heraus aus dieser ewigen Langeweile, heraus aus New York, die Stadt macht mich krank, und ich will heraus aus dieser dunklen Wohnung, heraus!" Ihre Stimme hatte sich immer mehr gesteigert – in einem so heftigen Ton hatte ich sie noch nie reden gehört! ...
Fortsetzung des zweiten Textes: „Tante Vera, Onkel Lukas." Sandras Stimme zitterte leicht. Sie räusperte sich und fuhr energischer fort: „Ich bitte euch, mir jetzt einmal zuzuhören." Der Kopf ihres Onkels fuhr von der Zeitung hoch, stirnrunzelnd schaute er Sandra an. Tante Vera wandte sich vom Klavier ab und blickte fragend auf ihre Nichte. Beide sagten jedoch kein Wort. Man hätte eine Stecknadel fallen hören können, so gespannt war die Atmosphäre. Fast hätte Sandra der Mut schon wieder verlassen, aber jetzt schüttelte sie mit einer wilden Bewegung ihre Haare zurück und erklärte mit klarer Stimme: „Ich möchte wieder zu meinen Eltern zurück. Ich war nun schon lange genug bei euch." ...

Seite 8

Wörtliche Rede einsetzen

3 a + b *So könnten deine Lösungen lauten:*
- Onkel Lukas murmelte: „Diese Börsennachrichten bringen nichts Gutes! Ich habe Angst um unsere Aktien."
- „Hoppla, was will Sandra noch am Abend hier im Wohnzimmer? Sie sollte doch schon längst im Bett sein!", fragte er sich.
- Tante Vera entrüstete sich: „Kannst du dich nicht einmal mit uns statt mit deiner Zeitung beschäftigen?"
- „Warum muss er mich nur immer so enttäuschen?", grübelte sie.

Seite 9

Abwechslungsreich und anschaulich schreiben

4 Die Stimmung war angespannt und es war absolut ruhig. = *Stille. Bedrückende Stille.*
Ich musste die Sache hinter mich bringen. = *Da musste ich durch!*
Er war überzeugt, dass alles richtig entschieden worden war. = *Recht so!*
Ich sollte ihn niemals wiedersehen. = *Kein Treffen mehr. Nie wieder.*
Sie wusste nicht, wie sie das Problem anpacken sollte. = *Was tun?*

5 Sie war äußerst zornig. *Sie schäumte vor Wut.*
Er war ganz bleich geworden. *Er war leichenblass geworden.*
Es gelang uns nicht, etwas zu erreichen. *Wir liefen gegen eine Mauer.*
Sie stand vollkommen aufrecht. *Sie stand kerzengerade.*
Wir warteten voller Anspannung. *Wir hielten den Atem an.*

Sie drehte sich immer wieder um sich herum. *Sie drehte sich wie ein Kreisel.*
Wir sollten nicht gleich aufgeben! *Wir sollten nicht gleich die Flinte ins Korn werfen!*

Seite 10

6 a Ich stehe vor der schweren, hellbraunen Eichentür, die glänzend poliert ist. (2) Der würzige Duft von Kaminholz (1) dringt an meine Nase. Leise knarren (4) die alten Holzdielen unter meinen Füßen. Ich zögere kurz, bevor ich nach der Türklinke greife.

b *So könnte deine Fortsetzung lauten:*
Ich drücke die Türklinke hinunter, die ein unangenehm quietschendes Geräusch (4) von sich gibt. Langsam öffne ich die Tür und quetsche mich (3) zaghaft durch den offenen Spalt. Die Fensterflügel im Wohnzimmer stehen weit offen (2), und ich kann in den schon dunklen Garten sehen (2). Keiner sagt (4) ein Wort. Nur das Rascheln (4) der Zeitung ist zu hören, ab und zu streift meine Tante mit den Fingern leise über die Klaviertasten (4) ...

7

Wut	Angst	Scham	Freude
außer sich sein empört sein gereizt sein verärgert sein rotsehen wutentbrannt sein vor Wut fast platzen	vor Angst wie gelähmt sein fahl werden schweißnasse Hände haben einen Kloß im Hals haben	schamrot werden am liebsten im Boden versinken wollen verlegen auf den Boden blicken sich unsichtbar machen wollen	jubilieren erleichtert aufatmen sich erlöst fühlen wie befreit sein sich vor Glück in die Arme fallen strahlen

Seite 11

8 Mein Blick fiel vom Garten aus durch das weit geöffnete Wohnzimmerfenster: Vater saß im Sessel und las konzentriert die Zeitung oder tat wenigstens so. Gedankenverloren beugte sich Mutter über das Klavier. Mit gesenktem Kopf strich sie leicht über die Tasten. Einige leise Töne klangen zu mir in den Garten hinaus. Endlich fasste/fasse ich Mut und bewegte/bewege mich langsam auf das Fenster zu. Ich betrachtete/betrachte noch einmal die Szene, die nur auf den ersten Blick Harmonie ausstrahlte/ausstrahlt. Ich ahnte/ahne, dass sich ihre Mienen gleich wieder verdüstern würden/werden, wenn sie mich vor dem Fenster entdeckten/entdecken. Ob sie mir erlauben /erlauben werden, heute Abend noch auszugehen?

Die Einleitung schreiben

9 Einleitung 1 = B; Einleitung 2 = A; Einleitung 3 = C

Seite 12

Den Schluss schreiben

10 Schluss 1 = A; Schluss 2 = B

D Einen Schreibplan entwickeln

1 b *So könnte deine Lösung lauten:*
1 **Platzierung des Bildes:** Hauptteil
2 **Erzählperspektive:** Ich-Form
Erzählung aus Perspektive dieser Figur: Tochter
3 **Einleitung:** Beantwortung von W-Fragen
sitze in meinem Zimmer auf dem Bett, zerknülle Reisekatalog, Zorn auf Eltern, die meine Reise ins Ferienlager verbieten, weil ich zu jung sei

Seite 13

Hauptteil: Erzählschritte (Höhepunkt der Geschichte?) *erneute Diskussion im Wohnzimmer, Missstimmung der Eltern, Meinungsverschiedenheit, ich bin schuld am Streit*

Schluss: Abrundung des Geschehens
Schließlich doch Erlaubnis

E Den eigenen Text verfassen und überarbeiten

1 + 2 *In diesem Musteraufsatz sind alle Kriterien aus der Checkliste von S.13 berücksichtigt. Die Anmerkungen in der rechten Spalte zeigen dir, was an dem Aufsatz gelungen ist.*

Ich bin doch kein Kind mehr!

neugierig machende Überschrift, die nicht zu viel verrät

Mir war zum Heulen zumute. Ich saß abends in meinem Zimmer auf dem Bett und zerknüllte einen bunten Reisekatalog für Jugendreisen. „Muscheln sammeln, oder, mit etwas Glück, einen Bernstein finden – komm mit und erlebe die Nordsee pur!" stand da. Ja, Pustekuchen, mit meinen Eltern war nicht zu reden! „Du bist doch erst 14", erklärten sie. Und dabei sind diese Reisen schon für Kinder ab 9 Jahren! Ich musste es noch einmal versuchen. „Nur Mut!", redete ich mir selbst zu. Energisch ging ich die Treppe hinunter und blieb vor der schweren Eichenholztür zum Wohnzimmer stehen.

Einleitung
Hinführen auf die Situation des Bildes durch Rückblende

Mein Herz klopft. Soll ich, soll ich nicht? Ich schaffte es nicht, die Türklinke hinunter zu drücken, stattdessen lief ich in den Garten. Die Fensterflügel im Wohnzimmer standen weit offen, und ich konnte meine Eltern sehen. Mein Vater saß vornübergebeugt im Sessel und las konzentriert die Zeitung oder tat wenigstens so. Genauso gedankenverloren saß Mutter am Klavier. Mit gesenktem Kopf strich sie leicht über die Tasten. Die Szene strahlte nur auf den ersten Blick Harmonie aus, ich ahnte, dass sich ihre Mienen gleich wieder verdüstern würden.
Tatsächlich: In diesem Moment blickt mein Vater stirnrunzelnd auf und entdeckt mich vor dem Fenster. Er faltet heftig die Zeitung zusammen und klatscht sie auf den Tisch. „Komm herein, damit wir mit dir reden können!", fährt er mich an. Mit weichen Knien schleiche ich ins Wohnzimmer. Wie ein kalter Wasserguss prasseln nun seine Vorwürfe auf mich ein: „Unmöglich, dir eine solche Reise zu erlauben! Und überhaupt: Was ist das für ein Veranstalter? Bernstein in der Nordsee, dass ich nicht lache!" Ich zucke zusammen und rolle den zerknitterten Reiseprospekt in meinen schweißnassen Händen hin und her.
„Zeig ihn mir doch noch mal", meinte Mutter beschwichtigend. Ich reichte ihr hoffnungsvoll den Katalog und sie faltete ihn auf. „Hier steht nur etwas von einem Besuch bei einem Bernsteinschleifer. Außerdem, Herbert, ist das ein Kinderhotel mit einem tollen Programm!" Erleichtert fiel ich ihr ins Wort: „Papa, Meereskunde, Biologie, Natur- und Umweltschutz – das sind doch Themen, die dich auch interessieren würden!"
Vater lehnte sich zurück und schlug die Beine übereinander. Seine gerunzelte Stirn glättete sich etwas. Geschmeidig wie eine Katze lief ich zu ihm und setzte mich auf die Sessellehne. „Papa, überleg's dir noch einmal", schmeichelte ich. „So teuer ist die Reise nicht, und ich kann so viel daraus lernen! Wattwanderungen, Ebbe und Flut, Krebse fangen, Sandburgen bauen" „Stopp! Stopp!", schmunzelte mein Vater plötzlich. Er warf meiner Mutter einen Blick zu und meinte: „Vielleicht sollen wir es uns noch einmal überlegen, oder was meinst du?" „Unsere Tochter ist kein Kind mehr", lächelte meine Mutter. Heftig umarmte ich meinen Vater, und es störte mich nicht, dass sein Bart kratzte. „Ich glaube, du hast uns überzeugt, dass du an die Nordsee fahren musst", lachte er. „Unsere Tochter weiß anscheinend, was sie will!"

Hauptteil
enthält eine echte Handlungsidee, einen „roten Faden"

Bild ist eindeutig zu erkennen

ausgestalteter Höhepunkt

Tempuswechsel (Präsens), als es spannend wird

schildernde Elemente:
- Gestik
- kurze, unvollständige Sätze
- Mimik
- Ausrufesätze, Fragesätze (wörtliche Rede oder Gedanken)
- Vergleiche
- Gefühle, anschauliche Verben und Adjektive/Partizipien

Mir fiel ein Stein vom Herzen. Nach diesem aufregenden Gespräch ging ich wieder hinaus in den nun dunklen Garten. Den Kiesweg konnte ich nur erahnen, weil die Steinchen unter meinen Schuhen knirschten. Im Kastanienbaum raschelten leise die Blätter. Glücklich lehnte ich mich an die raue Rinde. Würzig roch es nach Erde und frisch gemähtem Gras. Jetzt konnte ich mich auf meinen Nordseeurlaub freuen!

Schlussteil (Abrundung)
Verwendung einer Redensart

Sinneswahrnehmungen

2 Beschlüsse auf der SMV-Sitzung

Einfache Protokolle schreiben

Seite 15

A Was wird von dir verlangt?

1 Beim Anfertigen eines Protokolls musst du ...
- alle wichtigen Beschlüsse festhalten.
- dich in einer sachlichen Sprache ausdrücken.
- Regeln zur äußeren Form des Protokolls einhalten (z. B. Protokollkopf zu Beginn).
- das Wesentliche einer Diskussion/eines Vortrags zusammenfassend wiedergeben.
- darauf achten, dass das Protokoll auch für Abwesende nachvollziehbar ist.

Seite 16/17

B Übungen

Den Protokollkopf erstellen

1 a + b

Protokoll
zur 2. SMV-Sitzung im Schuljahr 20XX/XX
Ort: Staatliche Realschule Neuberge, Raum 304
Datum: 15.11.20XX
Zeit: 11:30 Uhr – 12:35 Uhr
Leitung der Sitzung: Frau Roth, Herr Schwarz
Anwesend: 38 Klassensprecher/innen
Abwesend: Hanna Müller (Kl. 7 a), Klara Lührer (Kl. 10 c)
Protokollführung: Monika Schlau (Kl. 8 b)

Tagesordnungspunkte formulieren

2 a Planung des SMV-Ausflugs nach München
Festlegung der Aufgaben der Klassensprecher
Besprechung der Jubiläumsfeier der Schule

b – Abstimmung über Schul-T-Shirts
– Beschwerde über mangelhafte Mülltrennung
– Aktionen zur Klassenzimmersauberkeit
– Vorstellung des Projekts „Gesunde Pause“

Seite 17

3 a + b

TOP 1: Planung der Nikolausaktion (Z. 5–14)
TOP 2: Information über die Aktion „Klassenzimmer der Woche“ (Z. 15–22)
TOP 3: Vorbesprechung der Faschingsfeier (Z. 23–37)

Seite 18

Eine Mitschrift anfertigen

4

und so weiter: **usw.**
unter anderem/und andere: **u.a.**
das heißt: **d.h.**
besonders: **bes.**
wegen: **wg.**
Klasse(n): **Kl.**
zum Teil: **z.T.**
eventuell/vielleicht: **evtl.**
im Gegensatz zu: **<->**
positiv, von Vorteil, begrüßenswert: ☺/+
daraus folgt/daraus ergibt sich: **=>**
negativ, von Nachteil, ungünstig: ☹/–
siehe: **s.**
vergleiche: **vgl.**
ist gleich/ist/sind: **=**
oder: **od.**

5 a *So könntest du die Mitschrift bearbeitet haben:*

SMV-Sitzung am 15.11., ~~4. Unterrichtsstunde (wie immer:~~ Raum 304)
- 11:30 Uhr: Frau Roth begrüßt ~~alle~~ zur 2. SMV-Sitzung im Schuljahr 20XX/XX
- Gesprächsleiter heute: sie und Herr Schwarz
- Hanna Müller (7a) und Klara Lührer (10c) ~~haben beide die Grippe~~, sonst alle 38 Klassensprecher/innen anwesend
- ~~Frau Roth: Wollen wir wieder eine~~ Nikolausaktion ~~durchführen~~?
- ~~Paul (9a): Find ich ja absolut kindisch~~
- ~~Nina (8b): Und was ist mit Osterhasen? → Gelächter~~
- Abstimmung → Mehrheit dafür, nur drei von 38 dagegen
- Hr. Schwarz: 3 Schülersprecher/innen sind Nikoläuse, wer möchte sie als verkleidete Engel begleiten?
- ~~Danja und Franzi (9d): finden die Idee voll süß, wollen es unbedingt machen~~
- ~~viele andere wollen auch → Hr. Schw. entscheidet: nur~~ Klassensprecherinnen der 5. + 6. Kl. gehen mit
- Hr. Schw.: ~~Wichtig! Dass~~ Nik. ~~kommt, ist~~ kein Muss → alle Klassensprecher/innen sollen in ihren Klassen nachfragen und abstimmen.
- Voraussetzung für Nik.: Gedicht oder Lied über die Klasse, das die Schüler selber gedichtet haben → bis 30. 11. im SMV-Zimmer abgeben.
- ~~Mika und Deniz (8b) finden Abgabedatum zu knapp, stimmen dann aber doch zu.~~
- Frau Roth: Alle sollen sich an der Aktion „Klassenzimmer der Woche" beteiligen.
- ~~Annika (8d): Was ist das genau und was muss man machen, damit man es wird?~~
- ~~Hr. Schwarz erklärt:~~ Klasse kommt mit Foto auf Schul-Homepage, wenn sie gewählt wurde
- ~~Viele kennen die Aktion gar nicht (ich auch nicht, nie gehört)~~
- ~~Hinweis Benny: Aufruf an~~ Kla'sprecher → in Klassen weitersagen!!
- Fr. Roth: Schülerzeitungs-Team ~~hatte die Idee, darum wählen sie auch aus~~ → gehen jeden FR durchs Haus und entscheiden, in welchem Klassenzimmer es am besten aussieht. Wichtig ist, dass es ordentlich ist, ~~Tafel gewischt etc., kein Dreck, also Klassenzimmer insgesamt aufgeräumt+gemütlich ist und einen guten Eindruck macht.~~
- Thema FASCHING ~~→ alle finden's super – WER? WAS? WANN? WO??? ☺ CHAOS!!~~
- ~~Frau Roth: Ruhe jetzt!! (Huch, schon 12:15 Uhr ...)~~
- Herr Schwarz: feiern evtl. zusammen mit dem Gymi!! ~~YEAH!!~~
- Problem: Beide Schulen haben jetzt neue Turnhallen → Da darf man nicht mit Straßenschuhen rein. ☹ Verbindungslehrer müssen erst noch abklären, ob möglich und wenn ja, ob an der RS oder am Gym.
- Alternative? Aula unserer Schule → ist aber zu klein für beide Schulen
- Fasching wird aber auf jeden Fall gefeiert, im Notfall nur an unserer Schule!
- Termin evtl. am 14.02. (~~cool, da ist auch noch Valentinstag!!!!! ♡~~)
- Verkleidung ist ein Muss/~~Frau Roth möchte~~ ein Motto
- ~~Vorschläge der Schülersprecherinnen: AMERIKA, James Bond, Zirkus, Harry Potter (typisch – die Kleinen kommen dann alle als Zauberer) – die streiten sich schon fast ...~~
- ~~Schwarz ist für Motto „Farben" → Nora: Dann müssen er und Frau Roth sich nicht mehr verkleiden → Gelächter~~
- ~~Tabea will kein Motto – jeder soll anziehen, worauf er Lust hat, Tarek + Luka hassen Verkleidungen auch~~
- Abstimmung ~~der verschiedenen Vorschläge;~~ Beschluss: ~~wie im letzten Jahr~~ verschiedene Farben für die Klassen, ~~knappe Mehrheit, nur~~ 21 von 38 dafür ~~→ Schwarz: Das ist Demokratie!! he he~~
- Farben werden in der nächsten Sitzung festgelegt, Klassensprecher müssen sich mit Klasse eine Aktion überlegen; nur wenn jeder was macht, findet die Veranst. statt.
- Bedingung: kein „Saustall" im Klassenzimmer, keine Eintritte für Mitschüler
- 12.35 Uhr: ENDE!! ~~haben ganz schön überzogen (komme „leider" zu spät in Bio ...)~~
- ~~WICHTIG: Hr. S. braucht~~ Protokoll bis morgen → ~~leitet es an die Klassenleiter weiter~~

Monika Schlau (8b)

b *So könnten deine Stichpunkte lauten:*

TOP 1:
- Abstimmung über Nikolausaktion (35:3)
- 3 Schülersprecher/innen = Nikoläuse; Kl.sprecher 5.+6. Kl. = Engel
- Vorauss. f. Nik.-Besuch: Gedicht od. Lied von Schülern

TOP 2:
- Aktion „Klassenzimmer der Woche" → Gewinnerkl. m. Foto auf Homepage
- Schülerzeitungs-Team prüft jeden FR Kl.zimmer auf Sauberkeit
- Kl.sprecher: Info an Klassen weitergeben!

TOP 3:
- Faschingsfeier → evtl. zus. mit Gym.? Ort noch unklar (Turnhalle, Aula?)
- Termin: 14.02.?; Motto: Farben (Abstimmung: 21:17 Stimmen)
- Vorauss.: jede Kl. überlegt sich eine Aktion; saubere Kl.zimmer; keine Eintritte

Seite 19

Beiträge wiedergeben

6 *So könnte deine Lösung lauten:*

a Die Schulleiterin Frau Rübli teilte mit, dass eine neue Art der Pausenverpflegung eingeführt werden soll.
Die dazu eingeladene Expertin Frau Würz berichtete, das Konzept habe sich schon an anderen Schulen bewährt.
Die Schülersprecher erklärten, dass sie den Vorschlag interessant fänden.

b Herr Schwarz rief die Klassensprecher dazu auf, dafür zu sorgen, dass der Müll in den Klassen regelmäßig beseitigt würde.
Einige Klassensprecher protestierten, das sei unfair. Wenn sie die Klassenzimmer kontrollierten, würden sie zu viel Zeit verlieren.
Frau Roth kündigte an, dass sich der Ordnungsdienst um eine Woche verlängere, wenn der Dienst nicht richtig arbeitete.

Seite 20

Auf angemessenen Ausdruck

7 Gegen den Vorschlag, dass die Schüler künftig das Klassenzimmer selbst putzen sollen, protestierten einige Schüler, da sie das Wischen der Klassenzimmer für zu aufwändig halten. Die übrigen Schüler fanden den Vorschlag sinnvoll, zumal der Putzdienst für jeden nur zweimal im Halbjahr anfallen würde. Am Ende konnten sich alle darauf einigen, ein Rotiersystem einzuführen.

Seite 21

Äußere Form und Rechtschreibung

8 a + b + c

Die korrigierten Fehlerwörter sind unterstrichen.

TOP 1: Besuch der Badminton-Trainingsabende

Zuerst gab der stellvertretende Trainer der Badminton-Gruppe einen Bericht ab, in dem er auf die Anwesenheit bei den Badminton-Trainerstunden einging. Nicht alle Mitglieder erschienen regelmäßig zu den Übungsstunden. Bei Wettkämpfen könne aber nur aufgestellt werden, wer auch regelmäßig im Training war. Um den Tabellenplatz halten zu können, müsse die Trainingsdisziplin in Zukunft wieder steigen.

TOP 2: Geplanter Skibasar der Skiabteilung

Der Vereinsvorsitzende Schmidt wies die Anwesenden darauf hin, dass auch in diesem Jahr wieder ein Skibasar abgehalten werden soll. Dazu sei die Hilfe aller nötig. Der voraussichtliche Termin ist der 11. November. Ab 11:00 Uhr bestünde wieder die Möglichkeit, gebrauchte Wintersportartikel zu verkaufen und zu erwerben.

TOP 3: Mitgliederwerbung des Sportvereins

Drittens schlug der Klassenwart Martin Kleber vor, die Mitgliederwerbung des Vereins zu verstärken. Er hat zu diesem Zweck schon ein Informationsblatt entworfen, das alle Möglichkeiten des Sportvereins vorstellt. Eine Beitrittserklärung werde gleich angehängt, um die Anmeldung zu vereinfachen.

Weilsheim, 20.09.20XX

Paul Knittel

9 Neuberge, 15.11.20XX

Monika Schlau (8b)

C Das Protokoll schreiben und überarbeiten

Das folgende Protokoll erfüllt alle Ansprüche aus der Checkliste von Seite 21.
Die Anmerkungen in der rechten Spalte zeigen dir an, was an dieser Musterlösung gelungen ist.

Protokoll
zur 2. SMV-Sitzung im Schuljahr 20XX/XX

Ort: Staatliche Realschule Neuberge, Raum 304
Datum: 15.11.20XX
Zeit: 11:30 Uhr – 12:35 Uhr
Leitung der Sitzung: Frau Roth, Herr Schwarz
Anwesend: 38 Klassensprecher/innen
Abwesend: Hanna Müller (Kl. 7 a), Klara Lührer (Kl. 10 c)
Protokollführung: Monika Schlau (Kl. 8 b)

vollständiger **Protokollkopf**

TOP 1: Planung der Nikolausaktion
Auch in diesem Jahr soll wieder eine Nikolausaktion stattfinden. Mit großer Mehrheit (35 : 3 Stimmen) wurde der Vorschlag bei der Abstimmung angenommen. Die drei Schülersprecher/innen spielen Nikolaus, begleitet werden sie von den Klassensprecher/innen der 5. und 6. Klasse, die sich als Engel verkleiden. Die Klassensprecher sollen in ihren Klassen abstimmen lassen, ob Interesse an der Aktion besteht. Als Voraussetzung für den Besuch des Nikolaus muss ein selbstverfasstes Gedicht oder Lied über die Klasse bis zum 30.11. im SMV-Zimmer abgegeben werden.

Formulierung der **Tagesordnungspunkte** im Nominalstil

sachliche Sprache

Zusammenfassung der wichtigsten Informationen

übersichtliche Gestaltung

TOP 2: Information über die Aktion „Klassenzimmer der Woche"
Alle Klassen sind aufgerufen, sich an der Aktion „Klassenzimmer der Woche" zu beteiligen. Das Schülerzeitungs-Team, das diesen Vorschlag eingebracht hat, überprüft die Klassenzimmer jeden Freitag auf Ordnung und Sauberkeit. Die Gewinnerklasse erscheint mit einem Klassenfoto auf der Homepage.
Die Klassensprecher/innen werden gebeten, ihre Klassen über die Aktion zu informieren.

TOP 3: Vorbesprechung der Faschingsfeier
Die Faschingsfeier findet in diesem Jahr eventuell zusammen mit dem Gymnasium statt, voraussichtlich am 14.02. Entsprechende Räumlichkeiten müssen allerdings noch gefunden werden, da die Turnhallen nicht mit Straßenschuhen betreten werden dürfen und die Aula zu klein ist.
Mit knapper Mehrheit (21 : 17 Stimmen) wurde in einer Abstimmung das Motto „Farben" beschlossen. Den Klassen werden Farben zugewiesen, die in der nächsten Sitzung festgelegt werden. Alle Klassensprecher/innen sollen sich zusammen mit ihren Klassen jeweils eine Aktion überlegen. Voraussetzung für die Faschingsfeier ist die Beteiligung aller Schüler/innen daran. Es dürfen keine Eintritte verlangt werden und alle Klassenzimmer müssen sauber hinterlassen werden.

Neuberge, 15.11.20XX
Monika Schlau (8b)

Abschluss des Protokolls mit Ort, Datum, Unterschrift

3 Der Skikurs muss bleiben!
In der Schülerzeitung überzeugen

Seite 22

A Was wird von dir verlangt?

	Trifft zu	Trifft nicht zu
Ich setze mich schriftlich mit Schülerfahrten allgemein auseinander.		X
Ich überlege mir Vorteile eines Schulskikurses.	X	
Ich bereite einen Vortrag für die Klassensprecherversammlung vor.		X
Ich verfasse einen Text, in dem ich meine Meinung zu dem Thema ausdrücke.	X	
Ich schreibe einen Brief an die Schulleitung, um sie zu überzeugen.		X
Ich wende mich in erster Linie an die Schüler, da sie die Schülerzeitung lesen.	X	
Ich verschweige die Nachteile, um überzeugender zu wirken.		X
Ich versuche, die Nachteile zu entkräften.	X	
Ich zähle alle Vorzüge des Skikurses auf.		X
Ich liste die wichtigsten Vorzüge des Skikurses auf und bringe Belege dafür an.	X	

Seite 23

B Eine Stoffsammlung erstellen

1 Aussagen, die für den Skikurs sprechen: Frische Bergluft ist gesund!/Es ist sinnvoll, den Tourismus in den Bergen zu unterstützen./Ein Skikurs fördert die Selbstständigkeit der Jugendlichen./Die Chance, eine neue Sportart kennen zu lernen!
Aussagen, die gegen den Skikurs sprechen: Skifahren verursacht Umweltschäden!/Wenn ich an die möglichen Verletzungen denke, .../Die Ausrüstung ist viel zu teuer!/Da fällt eine ganze Woche Unterricht aus!

2 + 3 a

⊕ Pro Skikurs	⊖ Kontra Skikurs
• Gesunde frische Bergluft **3**	• Umweltschäden **3**
• Unterstützung des Bergtourismus **3**	• Verletzungsgefahr **1**
• Förderung der Selbstständigkeit der Jugendlichen **2**	• Teure Ausrüstung **1**
• Ideal zum Kennenlernen einer neuen Sportart **1**	• Eine Woche Unterrichtsausfall **1**
• Stärkung der Klassengemeinschaft **1**	• Unterbringungs-/Verpflegungskosten **2**
• ...	• ...

Hinweis zu Aufgabe 3 a + b: Die vorgegebenen Lösungen sind Beispiele. Auch andere Möglichkeiten sind denkbar.

3 b Die drei überzeugendsten Pro-Argumente:
- ideal zum Kennenlernen einer neuen Sportart
- Stärkung der Klassengemeinschaft
- Förderung der Selbstständigkeit der Jugendlichen

Ein gut zu widerlegendes Gegenargument:
- eine Woche Unterrichtsausfall

Seite 24

C Übungen

Eine zündende Überschrift finden

1 a *So könnte deine Lösung lauten:*
Überschrift 1: zu lang, nimmt zu viel vorweg, Nominalstil spricht Schüler/innen nicht an
Überschrift 2: weckt Neugierde, spricht Schüler/innen an, Thema wird nicht deutlich

b *So könnte deine Lösung lauten:*
Schluss mit dem Schulskikurs?/Nie mehr „Skifoan“ in Klasse 8?!

Mit der Einleitung Interesse wecken

2 a

		A	B	C
1	Das Thema und der Zusammenhang werden deutlich.	x	x	–
2	Die Adressaten werden durch die Formulierungen berücksichtigt.	x	–	x
3	Der Stil ist trotz der Berücksichtigung der Adressaten sachlich.	x	x	–
4	Die Absicht des Textes wird deutlich.	x	–	x
5	Das Interesse der Leser wird geweckt.	x	x	x
6	Es wird kein Argument vorweggenommen.	x	–	–
7	Die Einleitung ist kurz.	x	x	x

b *So könnte deine Lösung lauten:*
Habt ihr schon gehört, dass der Skikurs für die 8. Klassen in Gefahr ist? Die Schulleitung hat vorgeschlagen, die Fahrt abzuschaffen. Doch noch ist nichts zu spät: Lasst uns für den Erhalt dieser Fahrt kämpfen und die Schulleitung mit guten Argumenten überzeugen!

Seite 25

Den Leser überzeugen

3 *Hinweis: Das Argument ist einfach unterstrichen (im Heft schwarz), das Beispiel ist gepunktet unterstrichen (im Heft blau).*
Beim Skifahren fallen hohe Kosten für Anschaffungen an, die zu Recht viele Betroffene abschrecken. Das fängt schon mit der Skihose und der Skijacke an und reicht bis zu dem vorgeschriebenen Helm. Hinzu kommen die Kosten für die Skier, die Stiefel und die Stöcke. Die nötige Ausrüstung und das Outfit können zusammen leicht ein paar hundert Euro verschlingen.
Nicht vergessen werden darf bei der Diskussion, dass sich viele Menschen beim Skifahren verletzen. Immer wieder hört man von Bein- oder Armbrüchen, die sich Hobbyskifahrer durch Zusammenstöße oder einen Sturz auf der Piste zugezogen haben. Auch ist die Unfallgefahr durch Lawinen in den Bergregionen nicht zu unterschätzen.

4 *So könnte deine Lösung lauten:*
Ein Argument, das gegen die Skifreizeit spricht, ist die Tatsache, dass man sich so leicht erkältet. Während die Übungen im Anfängerunterricht vorgemacht werden, steht man im Kalten. Außerdem ist man auch dann zu wenig in Bewegung, wenn man am Skilift auf die Gruppe warten muss.
Problematisch am Skifahren ist auch der für die Umwelt entstehende Schaden. Zum einen müssen bereits beim Pistenbau Wälder abgeholzt werden. Zum anderen zeigen sich im Frühjahr die Schäden auf den grasbewachsenen Hängen, auf denen die Pflanzen absterben.

Seite 26

Gegenpositionen einbeziehen

5 a Oft wird beklagt, dass durch die einwöchige Fahrt wertvolle Unterrichtszeit verloren ginge. Man sollte aber auch bedenken, dass ...
... die Schüler/innen durch die Fahrt viele andere wertvolle Erfahrungen machen, z. B. die Klassengemeinschaft zu erleben.
... auch die Sporterziehung ein wichtiges Ziel in der Schule ist.

b *So könnte deine Lösung lauten:*
Von den Gegnern der Skikurse wird immer wieder eingewendet, dass sich Menschen oft beim Skifahren verletzen, durch Stürze, Zusammenstöße oder Lawinen. Meist geschehen solche Unfälle jedoch aus Leichtsinn. Das Verletzungsrisiko ist bei angemessenem Verhalten verhältnismäßig gering. Das Tragen von Schutzkleidung, insbesondere eines Helms, verhindert in der Regel schon ernstere Verletzungen. Bewegt man sich auf den zugelassenen, gesicherten Pisten, so ist die Lawinengefahr ebenfalls gering.

Die Gedanken logisch verknüpfen

6 *So könnte deine Lösung lauten:*

Für manche Eltern sind die Kosten für den Skikurs zu hoch. Allerdings kann man einen Zuschuss vom Elternbeirat bekommen.

Unsportliche Schülerinnen und Schüler haben keinen Spaß an der Skifahrt. Aus diesem Grund ist es nicht fair, alle achten Klassen zur Teilnahme zu verpflichten.

Seite 27

Wortwiederholungen vermeiden

7 a + b

Was ganz massiv gegen den Skikurs spricht, ist die Bedrohung für die Umwelt durch das Skifahren. Durch den Lärm
gefährdet *sie*
auf der Piste sind Waldtiere und seltene Vögel bedroht. Deshalb flüchten die Tiere und Vögel aus ihrer Umwelt.
Diese / Die Natur *entdecken*
Die Umwelt ist also direkt in Gefahr. Sichtbare Umweltschäden kann man im Frühjahr sehen, wenn der Schnee
nichts
weggeschmolzen ist. Dann sieht man erst die beschädigten Grashänge, auf denen kein Gras mehr wächst, weil die
die Wiesen zerstört
obere Schicht abgetragen ist. Denn der Kunstschnee und die schweren Pistenfahrzeuge haben das Gras geschädigt
sie/die Natur
und der Umwelt nachhaltig geschadet. Um die Umwelt zu schützen, sollte man also auf den Skikurs verzichten.

Sich angemessen ausdrücken

8 a + b

B Wir sind doch froh, unsere Alten mal eine Woche nicht zu sehen, und umgekehrt genauso.
→ *Jugendliche genießen es in der Regel, einmal von ihren Eltern getrennt zu sein, und diese erfreuen sich ihrerseits der Selbstständigkeit ihres Kindes.*

A Jeder, der schon einmal im Skikurs war, denkt noch gerne an die gemütlichen Abende zurück, an denen gemeinsam gespielt und gelacht wurde.

A Für viele ist es die einzige Möglichkeit, mit dieser Sportart in Berührung zu kommen.

C Ich für meinen Teil lass mir auf der Hütte echt gerne die Sonne auf den Pelz scheinen.
→ *Bei einer Pause auf der Hütte kann man die Sonne genießen und entspannen.*

Seite 28

Den Schluss schreiben

9 a A Ich persönlich wünsche mir, dass ...
D Ich hoffe doch sehr, dass auch in den nächsten Jahren ...
C Um allen Interessen gerecht zu werden, könnte man ...
B Deshalb fordere ich euch auf, ...

b *So könnte deine Lösung lauten:*
Deshalb fordere ich euch auf, euch persönlich bei der Schulleitung für die Fahrt einzusetzen! Das ist unsere letzte Chance, wenn wir wollen, dass der Schulskikurs auch in Zukunft stattfinden kann.

C Einen Schreibplan erstellen

1 **Vorteil 1:** Stärkung der Klassengemeinschaft
Beispiel/Beleg: Schüler lernen sich auf der Fahrt besser kennen
Vorteil 2: ideal zum Kennenlernen einer neuen Sportart
Beispiel/Beleg: anfängergerechter Skikurs
Vorteil 3: Förderung der Selbstständigkeit der Jugendlichen
Beispiel/Beleg: Selbstversorgung in der Unterkunft
Widerlegung eines Gegenarguments
Gegenargument: Verletzungen beim Skifahren, Lawinengefahr
Entkräftung: Tragen von Schutzkleidung verhindert ernstere Verletzungen; Lawinengefahr gering, wenn man sich nicht abseits der freigegebenen Pisten bewegt

D Den eigenen Text verfassen und überarbeiten

1+2 *So könnte ein gelungener Schülerzeitungsartikel lauten, in dem alle Punkte der Checkliste auf S. 29 berücksichtigt sind. Die Anmerkungen rechts zeigen dir, was gelungen ist.*

Schluss mit der Schulskifahrt?

ansprechende Überschrift

Einleitung
– Interesse wird geweckt
– Thema und Zusammenhang werden deutlich

Der Skikurs für die 8. Klassen ist in Gefahr! In der aktuellen Diskussion spricht sich die Schulleitung für die Abschaffung der Fahrt aus. Nun ist es an uns, Argumente für die Wichtigkeit des Schulskikurses zu liefern.

Hauptteil
1. Argument mit Beispiel

Die Klassenfahrt ist sehr wichtig für den Zusammenhalt des Klassenverbands. Bei dieser gemeinsamen Unternehmung haben die Schüler die Möglichkeit, sich besser kennen zu lernen, wodurch die Gemeinschaft gestärkt wird. Während man in der Schule nur mit- oder nebeneinander lernt, gehören zum Skikurs auch Spieleabende, die zusammenschweißen. Auf den bisherigen Schulfahrten an unserer Schule entstanden viele neue Freundschaften.

2. Argument mit Beispiel
– Satzverknüpfung

Darüber hinaus ist der Kurs ideal, um mit einer neuen Sportart in Kontakt zu kommen. Die Schüler bekommen anfängergerechten Unterricht von erfahrenen Skilehrern, was auch im Rahmen der schulischen Sporterziehung von Bedeutung ist. Manche Schüler hätten sonst nie Gelegenheit, mit dem Skisport in Berührung zu kommen.

3. Argument mit Beispiel
– Satzverknüpfung

Nicht zu vernachlässigen ist außerdem, dass die Selbstständigkeit der Jugendlichen durch die Klassenfahrt gestärkt wird. Für viele ist es ungewohnt, sich um ihre eigenen Sachen zu kümmern, weil zu Hause alles die Eltern erledigen. Im Skikurs ist jeder für sich selbst verantwortlich.

Entkräftung eines Gegenarguments

Von den Gegnern der Skikurse wird immer wieder eingewendet, dass sich Menschen oft beim Skifahren verletzen, z.B. durch Stürze oder Zusammenstöße. Meist geschehen solche Unfälle jedoch aus Leichtsinn. Das Verletzungsrisiko ist bei angemessenem Verhalten verhältnismäßig gering. Wer die entsprechende Schutzkleidung trägt, insbesondere einen Helm, verhindert in der Regel schon ernstere Verletzungen.

Schluss
Aufruf an die Leser/innen, direkte Ansprache

Deshalb fordere ich euch auf, euch persönlich bei der Schulleitung für die Fahrt einzusetzen! Das ist unsere letzte Chance, wenn wir wollen, dass der Schulskikurs auch in Zukunft stattfinden kann.

4 Zapfenstreich um 20 Uhr?

Einen Leserbrief schreiben

Seite 31

A Was wird von dir verlangt?

1 *Folgende Aussagen sind richtig:*
In einem Leserbrief ...
- kann ich zu einem Artikel aus einer Zeitung, Zeitschrift oder Internetseite Stellung beziehen.
- kann ich den Aussagen des vorliegenden Textes zustimmen oder anderer Meinung sein.
- muss ich argumentieren, also meine Aussagen begründen.
- kann ich auch von eigenen Erlebnissen oder Erfahrungen berichten.
- kann am Ende eine Aufforderung, ein Wunsch oder eine Bitte stehen.
- muss ich zwar möglichst sachlich schreiben, darf aber auch einen persönlicheren Sprachstil verwenden.

B Sich mit dem Zeitungsartikel auseinandersetzen

1 a *Hinweis zu den Unterstreichungen:*
- Thema des Textes (im Heft blau)
- Aussagen, in denen begründet wird, warum es zu dem Ausgehverbot gekommen ist (im Heft grün)
- Aussagen, die zeigen, warum das Ausgehverbot nicht sinnvoll ist (im Heft rot)

Zapfenstreich um 20 Uhr
Gemeinde Hinterhofen streicht Schülern den Ausgang

Der Dorfplatz von Hinterhofen am Abend: Beim alten Gemeindehaus trifft sich die Dorfjugend. Die Teenies quatschen, lachen, hängen herum. Doch damit soll bald Schluss sein: „Schulpflichtigen Jugendlichen ist es untersagt, sich nach 20 Uhr in Ansammlungen auf öffentlichen Straßen oder Plätzen aufzuhalten." So steht es jetzt in der neuen Gemeindeordnung. Der Gemeinderat hat sie diese Woche mit 22 zu 8 Stimmen verabschiedet. Den Eltern droht nun eine Strafe, wenn ihre Kinder nicht spuren.
„Megagemein!", findet Sarah Meier (13). „Ich bin gern draußen. Blödsinn machen doch die anderen!" Die Gemeinde sieht das anders. „Es gab Vandalismus*. Und immer wieder Lärmklagen", sagt Gemeinderat Lukas Kölber. „Bis nachts um zwei waren die Jugendlichen draußen und haben Lärm gemacht. Mitten unter der Woche!" Das Gespräch mit den Eltern habe nicht gefruchtet. Deshalb habe man die neue Regelung aufgestellt. „So kann man am Morgen danach wenigstens eine Anzeige aufgeben."
Die Teenager finden das unfair. „Ich bin selten noch so spät draußen", sagt Alex Müller (12). „Trotzdem bekomme ich ein Verbot."
In Hinterhofen weiß man, welche Jugendlichen das Ausgehverbot treffen soll. „Die kiffen und trinken Alkohol, und mit den Mofas gibt es auch immer Probleme. Viele von denen sind doch schon 17 oder 18. Aber zu denen gehören wir doch nicht", sagt Nicole Schmitt (14). Die Übeltäter kämen außerdem aus dem benachbarten Otzeltal. „Und denen kann man eh nichts vorschreiben – nur uns Braven.", sagt Luisa Biller (14).
Die Jugendlichen haben schon eine Protestaktion angekündigt, mit der sie den Gemeinderat wieder von der neuen Regelung abbringen wollen.

b + c

Gründe für das Ausgehverbot	Gründe gegen das Ausgehverbot
– Vandalismus – Lärm bis spät in die Nacht auch unter der Woche – Gespräche mit Eltern halfen nicht – Drogenkonsum – Probleme mit Mofas	– Jugendliche können sich abends nicht mehr gemeinsam im Freien treffen – Es trifft auch die „braven" Jugendlichen, die gar nicht schuld sind. – Die eigentlichen Übeltäter kommen gar nicht aus dem betreffenden Dorf. – viele schon 17 oder 18 (› keine Ausgehsperre möglich)
Weitere Gründe:	**Weitere Gründe**:
– mehr Zeit am Abend mit der eigenen Familie verbringen – Jugendliche gehen unter der Woche dann früher ins Bett.	– Verbote bringen wenig, die Jugendlichen werden sich einen neuen Treffpunkt suchen. – Es ist Sache der Eltern, ob sie ihre Kinder am Abend noch nach draußen gehen lassen oder nicht.

Seite 32

C Übungen

Den Brief einleiten

1 b

	1	2	3	4
A Der Titel des Textes ist genannt.			x	x
B Die Quelle des Textes ist genannt.	x	x		x
C Das Thema des Artikels wird in knapper Form angesprochen.		x	x	
D Das Datum, an dem der Artikel erschienen ist, wird angegeben.		x		x
E Der Briefschreiber stellt sich kurz vor und nennt den Grund seines Schreibens.				x
F Der Sprachstil des Briefes ist angemessen.		x	x	x

2 *So könnte deine Lösung lauten:*
Wie in Ihrer Ausgabe der Zeitung vom 22.09.20XX in dem Artikel „Zapfenstreich um 20 Uhr" berichtet wurde, hat der Gemeinderat von Hinterhofen ein Ausgehverbot ab 20 Uhr für alle schulpflichtigen Jugendlichen erlassen. Als Schülerinnen und Schüler einer 8. Klasse der Realschule in Hinterhofen haben wir heute in der Schule über diese Maßnahme diskutiert. Obwohl einige wenige aus der Klasse Verständnis für diese Maßnahme haben, ist der Großteil der Klasse strikt dagegen. ...

Seite 33

Überzeugend argumentieren

3 a + b

Behauptungen	Begründungen
Ein abendliches Ausgehverbot nach 20 Uhr schränkt den Alkohol- und Drogenkonsum von Jugendlichen ein.	Die Erfahrung zeigt, dass Jugendliche bei ihren abendlichen Treffen im Freien immer wieder Dinge zerstören, z. B. mit Messern in Holzbänke ritzen oder Wände beschmieren. Hinzu kommen Verwüstungen, wenn z. B. Flaschen und Essensverpackungen einfach liegen gelassen werden. Die meisten Vorfälle dieser Art ereignen sich nach 20 Uhr.
Außerdem verhindert ein Ausgehverbot, dass es zu Sachbeschädigungen auf öffentlichen Plätzen kommt.	Wie in dem Artikel erwähnt wird, fahren wirklich viele Jugendliche abends bis spät in die Nacht mit ihren knatternden Mofas herum, andere unterhalten sich bei ihren abendlichen Treffen sehr laut miteinander oder hören Musik. Durch das Ausgehverbot wird eine Nachtruhe ab 20 Uhr für die Anwohner gewährleistet.
Darüber hinaus ist ein Ausgehverbot von großem Nutzen für die vielen Anwohner, die sich durch den Lärm der Jugendlichen gestört fühlen.	Es ist allgemein bekannt, dass Jugendliche, die sich abends auf der Straße treffen, schneller zu Alkohol und Drogen greifen. Wenn sie gezwungen sind, zu Hause zu bleiben oder sich bei Freunden privat zu treffen, können die Eltern besser darauf achten, dass sie keinen Alkohol zu sich nehmen.

4 *So könnte deine Lösung lauten:*
Das Ausgehverbot könnte bewirken, dass die Jugendlichen abends wieder mehr Zeit in der Familie verbringen. Eltern, die berufstätig sind, haben oft erst am Abend die Möglichkeit, sich mit ihren Kindern zu beschäftigen. Sind jene dann aber selbst unterwegs, bleibt kein Raum mehr für Gespräche oder gemeinsame Aktivitäten. Jugendliche könnten zum Beispiel die Zeit nutzen, Probleme mit den Eltern zu besprechen, gemeinsam etwas zu spielen oder auch nur einen Fernsehabend miteinander zu verbringen.

Seite 34

5 Schluss 1 = (3) eigene Lösungsvorschläge anbieten; Schluss 2 = (1) für Verständnis werben; Schluss 3 = (2) zum Handeln auffordern

6 *So könnte deine Lösung lauten:*
Statt ein Ausgehverbot zu verhängen, sollte besser nach Maßnahmen gesucht werden, die wirklich nur die treffen, die auch Ärger machen. Die Gemeinde könnte beispielsweise um verstärkte Kontrollen der Polizei am Abend bitten, die dann bei Vandalismus, Lärmbelästigung oder Alkoholmissbrauch Bußgelder verhängt. Nachdenken könnte die Gemeinde außerdem über ein allgemeines Alkoholverbot auf öffentlichen Plätzen. Dann würden die Treffpunkte uninteressant für solche Jugendliche, die vor allem des Trinkens wegen kommen.

Seite 35

Sprache und Aufbau eines Leserbriefs

7 a + b
Ich wohne in der Nähe des Treffpunkts und fühle mich durch den bis in die Nacht andauernden Lärm sehr belästigt.

Meiner Ansicht nach ist es eine klasse Sache, dass jetzt mal die Erzeuger für ihre Schratzen verantwortlich sind.
Ich halte es für richtig, dass die Eltern für ihre Kinder zur Verantwortung gezogen werden.

Ich verstehe schon, dass die Anwohner völlig abgenervt sind, aber andererseits gibt es in unserem Dorf nun halt mal keinen anderen Treffpunkt. Schon mal dran gedacht, ein Jugendheim in Hinterhofen zu bauen??!!
Ich habe durchaus Verständnis für den Ärger vieler Anwohner. Allerdings fehlen in der Gemeinde auch Treffpunkte für Jugendliche. Schön wäre es, wenn die Gemeinde einmal über den Bau eines Jugendheims nachdenken würde.

8 *So könnten mögliche Vorschläge lauten:*
Da in Hinterhofen ein Jugendheim fehlt, sind die jungen Leute gezwungen, auf der Straße herumzulungern.
Verbietet der Gemeinderat die Treffen, so wird das nicht bewirken, dass die Jugendlichen ihr Verhalten ändern.
Die Jugendlichen fühlen sich in ihrer Freiheit eingeschränkt, wenn ihnen die Teilnahme am sozialen Leben verwehrt wird.

Seite 36

D Einen Schreibplan entwickeln

2
- In diesem Teil nimmst du Stellung zu Aussagen des Textes, indem du ihnen zustimmst oder sie widerlegst. Alle deine Aussagen musst du begründen. Du darfst auch eigene Aussagen zum Thema treffen, diese solltest du aber genau begründen. = **Hauptteil**
- Hier fasst du deine Meinung noch einmal zusammen, äußerst eine Bitte, stellst Forderungen oder bietest einen Lösungsvorschlag an. Am Ende steht immer dein vollständiger Name. **= Schluss**
- In diesem Teil gibst du kurz an, auf welchen Artikel du dich beziehst und was der Anlass deines Leserbriefs ist. = **Einleitung**

3 *Beispiellösung aus der Sicht eines betroffenen Jugendlichen:*

Einleitung	– Bezug zum Artikel ***„Zapfenstreich ab 20 Uhr“*** – Grund des Schreibens/Meine Position: Als betroffener Jugendlicher des Dorfes bin ich gegen das Ausgehverbot.
Hauptteil (Begründung der eigenen Position)	– Aufgreifen folgender Aussagen aus dem Text: Nicht alle Jugendlichen benehmen sich daneben. Es sind vor allem Jugendliche aus den Nachbardörfern. Anwohner fühlen sich belästigt – zwei weitere nicht im Text genannte Gründe für meine Position (+ Beispiele): Verbote bringen wenig, Jugendliche werden sich neuen Treffpunkt suchen Entscheidung sollte weiterhin bei den Eltern liegen, kennen ihr Kind am besten
Schluss	**Lösungsvorschlag** – stärkere Kontrollen durch die Polizei, eventuell auch mit härteren Strafen – Gemeinde könnte über den Bau eines Jugendhauses nachdenken

Seite 37

4

Einleitung	Hauptteil	Schluss
– Ihrem Artikel „...“ entnahm ich ... – Interessiert habe ich in Ihrer Zeitung gelesen, dass ... – Mit Erstaunen las ich ... – Ich war verblüfft über ...	– Es sollte unbedingt bedacht werden, ... – Nicht zuletzt ... – Hinzu kommt ... – Am wichtigsten erscheint mir ... – Meiner Meinung nach ... – Ein Beispiel dafür ist ... – Es ist sicher richtig, dass ... – Trotzdem ... – Beispielsweise ... – Man sollte nicht vergessen, ... – Außerdem muss bedacht werden, ... – Eine wichtige Rolle spielt ...	– Abschließend hoffe ich, dass ... – Ich komme zu dem Schluss, dass ... – Zukünftig sollte ... – Ich schlage daher vor, dass ...

E Einen eigenen Text verfassen und überarbeiten

1+2 *In dieser Musterlösung (Leserbrief aus der Sicht eines betroffenen Anwohners) sind alle Punkte der Checkliste auf S. 37 berücksichtigt. Die Anmerkungen in der rechten Spalte zeigen dir an, was an dieser Musterlösung gelungen ist.*

Leserbrief	Anmerkungen
Lorenz Huber Am Maussteig 8 99999 Hinterhofen	**Briefkopf** Absender
An die Redaktion des	Adressat
Hinterhofen, 23.09.20XX	Ort/Datum
Leserbrief zu Ihrem Artikel vom 22.09.20XX	Betreffzeile
Sehr geehrte Damen und Herren,	höfliche Anrede
wie in Ihrer Ausgabe der Zeitung vom 22.09.20XX in dem Artikel „Zapfenstreich um 20 Uhr" berichtet wurde, hat der Gemeinderat von Hinterhofen ein Ausgehverbot ab 20 Uhr für alle schulpflichtigen Jugendlichen erlassen. Als betroffener Anwohner, der nur wenige Meter neben einem dieser Treffpunkte lebt, begrüße ich diesen Schritt ausdrücklich.	**Einleitung** Quelle, Datum, Titel des Artikels Thema des Artikels kurze Vorstellung des Briefschreibers
Ein abendliches Ausgehverbot nach 20 Uhr würde vor allem den Alkoholkonsum deutlich einschränken. Es ist allgemein bekannt, dass die Jugendlichen, die sich bei uns abends auf der Straße treffen, häufig alkoholische Getränke konsumieren. Wenn die jungen Leute gezwungen sind, zu Hause zu bleiben oder sich bei Freunden privat zu treffen, können die Eltern besser darauf achten, dass sie keinen Alkohol zu sich nehmen.	**Hauptteil** 1. Behauptung mit Begründung sachliche Sprache
Außerdem verhindert ein Ausgehverbot, dass es zu Sachbeschädigungen auf öffentlichen Plätzen kommt. Die Erfahrung zeigt, dass Jugendliche bei ihren abendlichen Treffen im Freien immer wieder Dinge zerstörten, z. B. mit Messern in Holzbänke ritzten oder Wände beschmierten. Hinzu kamen Verwüstungen, wenn z. B. Flaschen und Essensverpackungen einfach liegen gelassen wurden. Die meisten Vorfälle dieser Art ereigneten sich nach 20 Uhr. Auch hier würde mit einem Verbot sicherlich eine Besserung eintreten.	2. Behauptung mit Begründung anschauliches Beispiel
Darüber hinaus ist ein Ausgehverbot von großem Nutzen für die vielen Anwohner wie mich, die sich durch den Lärm der Jugendlichen gestört fühlen. Viele Jugendliche fahren abends bis spät in die Nacht mit ihren knatternden Mofas herum, andere unterhalten sich bei ihren abendlichen Treffen sehr laut miteinander oder schreien herum, vor allem wenn sie zu viel getrunken haben. Durch das Ausgehverbot wäre eine Nachtruhe ab 20 Uhr gewährleistet.	3. Behauptung mit Begründung
Ein positiver Nebeneffekt des Ausgehverbots könnte auch sein, dass die Jugendlichen wieder mehr Zeit in der Familie verbringen. Eltern, die berufstätig sind, haben oft erst am Abend die Möglichkeit, sich mit ihren Kindern zu beschäftigen. Sind jene dann aber selbst unterwegs, bleibt kein Raum mehr für Gespräche oder gemeinsame Aktivitäten. Das Ausgehverbot könnte dazu führen, dass die Familien abends wieder mehr gemeinsam unternehmen. Jugendliche könnten die Zeit nutzen, Probleme mit den Eltern zu besprechen, gemeinsam etwas zu spielen oder auch nur einen Fernsehabend miteinander zu verbringen.	4. Behauptung mit Begründung verschiedene Beispiele
Deshalb noch einmal: Gratulation an unseren Gemeinderat! Ein solcher Schritt war längst überfällig. Und lassen Sie sich bitte auch von den nun zahlreich folgenden Protesten und Drohungen nicht einschüchtern. Manchmal sollte man den Jugendlichen eben auch Grenzen aufzeigen.	**Schluss** Aufforderung zum Handeln
Mit freundlichen Grüßen	Grußformel
Lorenz Huber	Unterschrift

5 *Kristin Kopf* Schuhe

Eine Kurzgeschichte für einen TGA bearbeiten

Seite 39

A Die Aufgabe verstehen

1 *Die **falschen** Angaben sind:*
- den Text nacherzählen
- Merkmale einer Kurzgeschichte aufzählen
- alle stilistischen Merkmale heraussuchen
- eine Fortsetzung und einen inneren Monolog schreiben

Seite 40/41

B Den Inhalt der Kurzgeschichte untersuchen

1 a Die Hauptfigur ist vermutlich ein obdachloser Mensch.
b Die anderen Figuren sind Passanten, die achtlos vorübergehen.
c Die Geschichte spielt im November.
d Die Szene könnte in der Fußgängerzone einer Stadt stattfinden.

2

Sie beobachtet die Schuhe der anderen und hätte gerne Turnschuhe.	(Z.10)
Eine Zeitung dient ihr als Ersatz für Schuhe.	(Z.18 f.)
Die Hauptfigur hat Angst vor dem Erfrieren.	(Z.22 ff.)
Manche Vorübergehenden werfen dem Menschen am Boden Münzen hin.	(Z.36)
Die Menschen wollen nach Hause, die Hauptfigur hat kein Zuhause.	(Z.47 f.)
In der Tankstelle möchte sich die Hauptfigur einen Schnaps besorgen.	(Z.53 ff.)

3 a Ich-Form
b Abbildung 2 (Person sitzt am Boden und sieht nach unten); Textstellen zur Begründung: Z.31–33; Z.37–39.
c Der Text ist in der Ich-Form geschrieben. Beim Lesen versetzt man sich in eine Figur hinein, die auf dem Boden sitzt und bettelt.
Die Augen der Figur blicken nicht nach oben/in die Gesichter der Vorbeigehenden, sondern nach unten/auf die Schuhe der Vorbeigehenden.

4 die Zeitung als Ersatz für Schuhe → das Schnapstrinken → das Erfrieren → das fehlende Geld → das Kleingeld, das die Passanten hinwerfen → das Gefühl, dankbar sein zu müssen → das fehlende Zuhause → die Kälte → die Wärme → die Tankstelle

5 *So könnte deine Lösung lauten:*
Aussehen: zerrissene Kleidung, dünn, trauriger Blick, ein paar Habseligkeiten in Plastiktüten, ...
Lebensumstände: lebt auf der Straße, keine Arbeit, kein Kontakt zu Verwandten oder Freunden, ...

Seite 42

6

Hauptfigur	Die anderen Menschen
– ohne Schuhe, nur eine Zeitung zum Schutz	– tragen Schuhe aller Arten
– hat keine Wohnung und keinen Arbeitsplatz	– eilen in ihre Wohnungen, zu ihren Arbeitsplätzen
– hat kein Geld, lebt von ein paar Münzen	– haben ausreichend Geld zum Leben

weitere Lösungsbeispiele:

– schläft auf der Straße, in der Kälte	– schlafen in warmen Räumen
– bescheiden; versucht, dankbar zu sein	– hochmütig
– ist allein	– leben in Gemeinschaft

7 Die Hauptfigur hält die Vorübergehenden für Leute, die hochmütig sind und verächtlich von Obdachlosen denken (Z.36–39) und diese Einstellung an ihre Kinder weitergeben (Z.12 f.).

C Übungen

Die Einleitung schreiben

1
A Autorin und Titel fehlen; es geht nicht um Menschen in der Stadt, sondern um eine obdachlose Person
B Titel, Quellenangabe und Textsorte fehlen; Text ist aus Sicht einer obdachlosen Person geschrieben
C Autorin und Quellenangabe fehlen; „Armer“ reicht nicht aus zur Beschreibung der Person

2 a + b *Beispiellösung:*
Die Kurzgeschichte „Schuhe“ von Kristin Kopf wurde in dem Taschenbuch „17 Kurze. Kurzgeschichten aus dem Netz“ veröffentlicht. Ein obdachloser, frierend am Boden sitzender Mensch macht sich Gedanken über die Schuhe der Vorübergehenden.

Seite 43

Den Hauptteil schreiben: Den Textinhalt zusammenfassen

1 b

Ein Mann, der ~~schon seit Jahren~~ obdachlos ist, bedauert, dass er keine eigenen Schuhe hat. Er beobachtet die Schuhe der Vorübergehenden ~~und meint, sie würden viel über die Menschen aussagen.~~ ~~Die Schuhe klappern auf dem Kopfsteinpflaster.~~ Er hätte selbst gern Schuhe ~~wie die Kinder. Diese haben aber Angst vor ihm.~~ V Seine Füße werden nur durch eine Zeitschrift einigermaßen warm gehalten. Auch ein Schnaps würde warm halten, aber der Penner hat kein Geld. Aber er weiß auch, dass man durch den Alkohol schneller erfriert. Die Passanten gehen an ihm vorbei, doch er schaut ihnen nicht mehr in die Gesichter, sondern er schaut nur noch auf die Schuhe, welche schnell nach Hause wollen. Manche V werfen ihm Münzen hin. So kann er sich in der warmen Tankstelle einen großen Schnaps kaufen.

A: besser: Mensch (unklar, ob Mann oder Frau)
I: nicht im Text → streichen
J: Nicht im Text → streichen
Detail → streichen
I: genauer!
I: Detail → streichen
V: Satzverknüpfung
I: Zeitung
A: Umgangsspr.
A: Wiederholung
A: unklarer Bezug
A: Wiederholung
A: eilen (Schuhe „wollen“ nicht)
V: Subjekt
I: kleinen

c *Beispiellösung:*
Ein bettelnder Mensch bedauert, dass er keine eigenen Schuhe hat. Er beobachtet die Schuhe der Vorübergehenden. Er hätte selbst gern Turnschuhe, denn seine Füße werden nur durch eine Zeitung einigermaßen warm gehalten. Auch ein Schnaps würde warm halten, aber der Obdachlose hat kein Geld und weiß zudem, dass man durch den Alkohol schneller erfriert. Die Passanten gehen an ihm vorbei, doch er schaut ihnen nicht mehr in ihre Gesichter, sondern nur noch auf die Schuhe, welche schnell nach Hause eilen. Manche Leute werfen ihm Münzen hin. So kann er sich in der warmen Tankstelle einen kleinen Schnaps kaufen.

Seite 44

Textsortenmerkmale erkennen und belegen

4 a + b

Inhalt	
• ausschnitthafte Momentaufnahme aus dem Leben von Menschen • nur knappe Darstellung der Figuren, die oft ohne Namen sind	• obdachloser Mensch an einem Novemberabend • der obdachlose Mensch hat keinen Namen, er wird nicht genauer beschrieben

Aufbau	
• keine oder nur sehr kurze Einleitung • Steigerung zu einem Höhe- oder Wendepunkt • offener Schluss	• unmittelbarer Einstieg in die Situation • Kauf einer Flasche Schnaps in der Tankstelle • man erfährt nicht, wie es mit dem obdachlosen Menschen weitergeht

5 In der Kurzgeschichte wird nur ein kurzer Moment im Leben eines Menschen geschildert – ein Novemberabend, der schon ziemlich kalt ist. Die Hauptfigur hat keinen Namen, sie tritt nur als „ich" auf. Der erste Satz („Schuhe sagen viel über Menschen aus.") ist nur eine Feststellung, aber keine ausführliche Einleitung in das Geschehen. Eine kleine Steigerung des Handlungsablaufs ist festzustellen, als der Mensch schließlich ein paar Münzen beisammen hat (Z. 53), um sich in der warmen Tankstelle einen Schnaps zu kaufen. Doch dann wird die Geschichte nicht weitergeführt – wir erfahren nicht, was aus der obdachlosen Person wird. Der Schluss bleibt somit offen, ein weiteres Kennzeichen der Kurzgeschichte.

Seite 45/46

Sprachliche Mittel und ihre Aufgabe beschreiben

6 *Beispiellösung:*
Die vielen kurzen Sätze mit einfacher Wortwahl geben die Gedanken eines einfachen Menschen wieder.
Umgangssprachliche Ausdrücke lassen die Hauptfigur glaubhaft wirken.
Das Fehlen von Fragen und Ausrufesätzen veranschaulicht, dass die Hauptfigur müde und entmutigt ist.
Unvollständige Sätze (Ellipsen) regen zum Nachdenken an.

7 a + b + c

Beispiel	Stilmittel	Wirkung
„Ich hätte gerne Turnschuhe. Turnschuhe geben warm. Kinder haben Turnschuhe." (Z. 10 f.)	Wiederholung	Die Gedanken des Ich-Erzählers kreisen um wärmende Schuhe.
„Die großen Schuhe haben ihnen das beigebracht." (Z. 12 f.)	Personifikation	Die Personifikation wirkt befremdlich und regt deshalb zum Nachdenken an.
„Ich trinke nichts. Kann ich mir gar nicht leisten. Deshalb trinke ich nichts. Aber ich würde sowieso nichts trinken. [...]. Nein, ich trinke nichts. Obwohl es so gut täte."(Z. 22–26)	Wiederholung	Die Aussage wird betont, das macht sie eindringlicher.
z. B.: „Die Schuhe wollen schnell nach Hause. Die Stöckelschuhe beeilen sich, zu den Herrenschuhen und den Kinderschuhen zu kommen." (Z. 45 f.)	Personifikation	Die Personifikation wirkt befremdlich und regt deshalb zum Nachdenken an.

Seite 47

Kreative Aufgabe

8 b

	Text A	Text B
Ich-Perspektive (wie im Ausgangstext)	–	+
Tempus Präsens (wie im Ausgangstext)	–	+
Weiterführung ausreichend ausgebaut	+	–
Bezug zum Hauptthema „Schuhe" erkennbar	+	–
Nicht zu fantastisch	–	+
Stil passt zum Ausgangstext	–	+

c *Beispiellösung:*
Obdachloser wärmt sich in Tankstelle, beschließt, statt Schnaps eine Brezel und Tee zu kaufen

9 a *Beispiellösung:*
- Geschäftsmann, der von der Arbeit kommt
- gehobene Sprache
- zuerst verächtlich, dann nachdenklich
- Entschluss, eine Münze herzugeben

b *Beispiellösung:*
Ach, dieser Bettler sieht aber seltsam aus, der hat ja Zeitungspapier um seine Füße gewickelt! O nein, nun starrt er auch noch meine Schuhe an. Dieser Blick ist ja unerhört! Dabei haben diese feinen Lederhalbschuhe mich ein Vermögen gekostet!

Seite 48

Den Schluss schreiben

10 a Aussage **B** kommt dem Inhalt der Geschichte am nächsten.

b

Ich halte die Kurzgeschichte für gelungen,	Beurteilung
... weil sie interessant ist.	Begründung fehlt
... weil sie durch die ungewöhnliche Perspektive zum Nachdenken über die Situation Obdachloser anregt.	gut begründet
... weil sie sehr knapp geschrieben ist.	zu ungenau

D Einen Schreibplan erstellen

1 **Einleitung**
In die Einleitung gehören:
Autorin, Textsorte, Titel, Quelle, Thema
Hauptteil
Inhaltszusammenfassung:
Darstellung eines kalten Novemberabends aus der Sicht eines Obdachlosen
Merkmale der Kurzgeschichte in diesem Text:
- Inhaltlich: knappe Darstellung der Figuren, keine Namen; Darstellung eines Ausschnitts/Moments aus dem Leben eines Menschen
- Aufbau: unmittelbarer Einstieg ohne Einleitung; offener Schluss; Steigerung zu einer Art Höhe-/Wendepunkt

Auffällige sprachliche Mittel und ihre Aufgabe:
kurze Sätze, einfache Wortwahl, Umgangssprache → Gedanken eines einfachen Menschen; Wiederholungen → Betonung der Aussage; Personifikation → befremdlich, Nachdenken

Kreative Aufgabe entweder a) oder b) wählen
z. B.: Gedanken eines Geschäftsmanns, der aus der Arbeit kommt

Schluss
Eigene Meinung zum Inhalt und zur Darstellung:
z. B.: interessant und originell; zuerst etwas verwirrend wegen der ungewöhnlichen Perspektive, regt jedoch zum Nachdenken an

E Den eigenen Text verfassen und überarbeiten

Hier siehst du eine Musterlösung für den geforderten TGA. Die Anmerkungen in der rechten Spalte zeigen dir an, was an dem Aufsatz gelungen ist.

In der Kurzgeschichte „Schuhe", die in dem Taschenbuch „17 Kurze. Kurzgeschichten aus dem Netz" veröffentlicht wurde, beschreibt die Autorin Kristin Kopf die Gedanken eines bettelnden Menschen. Die Person kauert frierend am Boden und betrachtet die Schuhe der Vorübergehenden, die ihr kaum Beachtung schenken.	**Einleitung** Autorin, Titel und Quelle, Textsorte, Thema (Inhaltssatz)

Im Text werden die Gedanken eines am Boden sitzenden bettelnden Menschen geschildert, der bedauert, dass er keine Schuhe hat. Er beobachtet die Schuhe der Vorübergehenden. Er hätte selbst gern Turnschuhe, denn seine Füße werden nur durch eine Zeitung einigermaßen warm gehalten. Auch ein Schnaps würde warm halten, aber der oder die Obdachlose hat kein Geld und weiß zudem, dass man durch den Alkohol schneller erfriert. Die Passanten gehen vorbei, doch der Mensch schaut ihnen nicht mehr in ihre Gesichter, sondern nur noch auf die Schuhe, welche schnell nach Hause eilen. Manche Leute werfen ihm Münzen hin. So kann er sich in der warmen Tankstelle einen kleinen Schnaps kaufen.

Zusammenfassung
Knapp, in eigenen Worten, sachlich, frei von überflüssigen Details

Der Text „Schuhe" enthält viele typische Merkmale der Kurzgeschichte:
Es wird hier nur ein kurzer Moment im Leben eines Menschen geschildert – ein Novemberabend, der schon ziemlich kalt ist. Die Hauptfigur hat keinen Namen, sie tritt nur als „ich" auf. Der erste Satz („Schuhe sagen viel über Menschen aus.") ist nur eine Feststellung, aber keine ausführliche Einleitung in das Geschehen. Eine kleine Steigerung des Handlungsablaufs ist festzustellen, als der Mensch schließlich ein paar Münzen beisammen hat (Z. 53), um sich in der warmen Tankstelle einen Schnaps zu kaufen. Doch dann wird die Geschichte nicht weitergeführt – wir erfahren nicht, was aus der Person wird. Der Schluss bleibt somit offen, ein weiteres Kennzeichen der Kurzgeschichte.

Überleitung
Textsortenmerkmale
Vier Merkmale und passende Belege aus der Kurzgeschichte genannt

In der Kurzgeschichte finden sich außerdem einige sprachliche Besonderheiten:
Die vielen kurzen Sätze mit einfacher Wortwahl geben die Gedanken eines einfachen Menschen wieder.
An einigen Stellen liest man umgangssprachliche Ausdrücke, z. B. „Schnaps gibt warm" (Z. 21). Diese lassen die Hauptfigur glaubhaft wirken.
Es fällt zudem auf, dass im Text nur Aussagesätze vorkommen; Fragen und Ausrufesätze fehlen. Dadurch wird veranschaulicht, dass die Hauptfigur müde und entmutigt ist.
Der Text enthält auch einige unvollständige Sätze (Ellipsen), z. B. „Nur die anderen." (Z. 5) Diese Formulierungen passen gut zu einem einfachen Menschen, dessen Gedanken wiedergegeben werden, zugleich regen sie die Leserinnen und Leser dazu an, über mögliche Fortsetzungen nachzudenken.

Überleitung
Sprachliche Mittel und ihre Wirkung
Vier auffällige Merkmale genannt, z. T. mit Textbelegen, Beschreibung der Wirkung

Diese Gedanken könnte ein Geschäftsmann haben, der gerade von der Arbeit kommt:
„Ach, dieser Bettler sieht aber seltsam aus, der hat ja Zeitungspapier um seine Füße gewickelt! O nein, nun starrt er auch noch meine Stiefel an. Dieser Blick ist ja unerhört! Dabei haben diese feinen Stiefeletten mich ein Vermögen gekostet!
Wieso sitzt dieser Mensch nur hier? Sicher ist er nur zu faul zum Arbeiten ... nicht wie ich, der jeden Tag in der Firma schuftet! Ich habe mir diese Stelle und mein Einkommen hart verdient! Moment mal, verdient ...? Hm ... naja ... hätte mein Vater damals nicht gedrängt, dass ich die Ausbildung mache ... und hätte Onkel Theo mir nicht die Stelle verschafft, wo wäre ich dann heute? Hätte ich es ohne diese Unterstützung auch so weit gebracht? Vielleicht hat dieser Obdachlose ja niemanden gehabt, der ihm geholfen hat ... oder er war lange krank und hat deshalb seine Arbeit verloren. Sein Gesicht kann ich zwar nicht genau erkennen, aber er sieht ganz abgemagert aus. Und diese dünnen Haare ... Ach, was soll's, jetzt dreh ich doch noch einmal um und werfe einen Euro in seinen Hut. Und wenn ich den armen Kerl morgen hier wieder sehe, spreche ich ihn an und frage, ob er Hilfe braucht. Heute nicht, heute ist's mir zu kalt, um länger hier rumzustehen, aber morgen, ja, morgen mach ich's ganz bestimmt ... So, jetzt aber schnell ins Kaufhaus, ich wollte mir doch noch Wollsocken kaufen, die guten, warmen aus Angora ... und dann schnell nach Hause ins Warme!"

Kreative Aufgabe: Innerer Monolog
Überleitung

Innerer Monolog mit Gedankenketten, Gefühlen, Fragen, Ausrufen, Gedankensprüngen

Bezug zum Text und zum Thema „Schuhe" erkennbar

Inhalt nicht zu fantastisch

6 Am laufenden Band: Flagfootball

Einen TGA zu einer Reportage schreiben

Seite 52

A Was wird von dir verlangt

1 Reihenfolge der Arbeitsschritte: 7, 2, 4, 6, 1, 5, 3

B Das Textverständnis sichern

Den Text mit Hilfe von W-Fragen erschließen

1 a
- Flagfootball
- taktisch geschickt einen Football in das gegnerische Tor befördern
- der 13-jährige Marc und die gleichaltrige Leonie
- 1999
- aus den USA, stammt vom American Football ab
- weil es ein sehr taktisches Spiel ist

b *So könnten deine Lösungen lauten:*
Was macht der Quarterback einer Mannschaft?
- ist sozusagen der Regisseur, bestimmt, wie seine Mannschaft angreift

Was ist das Playbook?
- ein Buch, in dem die geplanten Spielzüge aufgezeichnet sind

Seite 53

Das Thema des Textes erfassen

2 Der Text informiert über die neue Sportart Flagfootball, die dem American Football ähnlich ist.

Unbekannte Wörter und Wendungen erklären

3 a „umruppen" (Z. 10) = umstoßen
„so etwas wie der FC Bayern München im Flagfootball" (Z. 54 f.) = eine Spitzenmannschaft
„Muskelpaket" (Z. 9) = muskulöser Mensch
„Quarterback" (Z. 23) = Spielplaner und Angreifer

b „Variante" (Z. 8) = eine Abwandlung von etwas, Flagfootball ist eine abgewandelte Form von American Football
„Regisseur seiner Mannschaft" (Z. 23 f.) = derjenige, der die Anweisungen gibt
„Taktik" (Z. 26) = eine intelligente Vorgehensweise, geschickte Spielzüge

C Übungen

Eine gelungene Einleitung verfassen

1 Textsorte: *Reportage*; Titel: *„Am laufenden Band"*; Autor: *Nicolas Büchse*; Erscheinungsort und -jahr: *Zeitschrift YUNO 2/2012.*
Kernsatz: *In dem Text geht es um die Sportart Flagfootball, die es nun auch in Deutschland gibt und die dem American Football ähnlich ist.*

Seite 54

Eine Textzusammenfassung schreiben

2 a *Diese Schlüsselbegriffe könntest du markiert haben:*
Flagfootball (Z. 6), kommt aus den USA (Z. 6 f.), stammt vom American Football ab (Z. 7), Fünf Angriffsspieler (Z. 12), fünf Verteidigern (Z. 12), „offense" und „defense" (Z. 13), Offense-Spieler versuchen … (Z. 13–15), Die Defense versucht … (Z. 15–17), Quarterback ist […] der Regisseur (Z. 23), Playbook […] ist so etwas wie das Programmierbuch (Z. 27 f.), Rasenschach (Z. 43), kam 1999 nach Deutschland (Z. 47), sieben Teams in der Deutschen Flagfootball Liga

(Z.50), German School Flag Bowl (Z.52), Meerbuscher Flagfootball-AG (Z.53 f.), FC Bayern München im Flagfootball (Z.54 f.)

b Z.1–5; Z.6–11; Z.12–18

c Z.19–22: Marc schwärmt vom Flagfootball
Z.23–34: Marcs Aufgaben als Quarterback
Z.35–46: Flagfootball ist ein taktisches Spiel
Z.47–52: Flagfootball in Deutschland
Z.53–58: Die Meerbuscher Flagfootball-AG – ein erfolgreicher Verein
Z.59–74: Leonie, das einzige Mädchen im Team
Z.75–80: Vom Flagfootball zum American Football / Marcs Zukunftspläne

3 a Zuerst wird geschildert, wie Schüler in Düsseldorf Flagfootball spielen. Diese Sportart, die aus den USA stammt, ist mit dem American Football verwandt. Je fünf Angreifer und Verteidiger kämpfen dabei um den Besitz eines Balls und eines Bandes / Fähnchens, das sich jeder Spieler um die Hüfte an einen Gürtel gebunden hat.

b Der 13-jährige Marc, Quarterback bei den „Meerbusch Eagles“, ist seit drei Jahren ein begeisterter Flagfootballspieler.

c *So könnte deine Zusammenfassung lauten:* Zuerst wird geschildert, wie Schüler in Düsseldorf Flagfootball spielen. Diese Sportart, die aus den USA stammt, ist mit dem American Football verwandt. Je fünf Angreifer und Verteidiger kämpfen dabei um den Besitz eines Balls und eines Bandes, das jeder Spieler an einem Gürtel um die Hüfte trägt. Der 13-jährige Marc ist ein begeisterter Flagfootballspieler. Als Quarterback entscheidet er über die Spielzüge seiner Mannschaft. Flagfootball ist eine sehr taktische Sportart. 1999 kam sie nach Deutschland, wo es mittlerweile eine eigene Flagfootball-Liga und Schülermannschaften gibt. Marcs Team, die „Meerbusch Eagles“, sind eine sehr erfolgreiche Mannschaft. Die 13-jährige Leonie ist das einzige Mädchen im Team, was ihr aber nichts ausmacht. Marc plant, in der Zukunft vielleicht zum American Football zu wechseln.

Seite 55

Textsortenmerkmale benennen und ihre Wirkung beschreiben

4 Folgende Merkmale treffen auf den Text zu:
- Beschreibung eines konkreten Ereignisses
- detaillierter Einstieg (= Zoomtechnik)
- Wechsel der Zeitstufen (= Tempuswechsel)
- allgemeine Informationen zum Thema
- erlebnishafter, anschaulicher Erzählstil (Autor unmittelbar vor Ort, nahe am Geschehen)
- Aussagen verschiedener Personen (Perspektivenwechsel), oft in Form von wörtlicher Rede
- Darstellung eines bestimmten Themas (mit Hintergründen und Fakten) am konkreten Beispiel
- anschauliche Fotografien / Abbildungen

5 a + b

Bei dem vorliegenden Text handelt es sich um eine Reportage, da der Autor einen anschaulichen Erzählstil verwendet,

Typisch für die Textsorte ist auch der Perspektivenwechsel: Verschiedene Betroffene kommen dabei direkt zu Wort.

Der Artikel „Am laufenden Band“ handelt von einem bestimmten Thema, das an einem konkreten Beispiel ausgeführt wird.

Der Autor, der namentlich genannt wird, recherchiert vor Ort und gibt sich dem Leser als Autor zu erkennen.

Somit lernt der Leser verschiedene Standpunkte zu der Thematik kennen. Deutlich wird das im vorliegenden Fall, wenn sich Marc und Leonie direkt zu ihrer Sportart äußern und neben Informationen über Spielführung und Taktik auch ganz persönliche Gedanken zum Thema mitteilen („Wann hat man schon mal die Chance ...“, Z.63 ff.).

So werden zur Information des Lesers Hintergründe, Zahlen und genaue Fakten genannt („Flagfootball kam 1999 nach Deutschland“, Z.47; „Marc ist 13 Jahre alt ... Seit drei Jahren spielt er ...“, Z.19 ff.).

Die Reportage wirkt daher persönlicher als ein sachlicher Bericht. („Was hier an einem der letzten Sonnentage im Herbst an einem Sportplatz in Düsseldorf ...“, Z.1 f.)

der den Leser direkt und unmittelbar in die Situation hineinversetzt, etwa wenn Nicolas Büchse das Geschehen auf dem Sportplatz schildert (Z.1–5).

c Ein typisches Merkmal für eine Reportage ist auch der detaillierte Einstieg. Der Autor beschreibt dabei ganz genau, was vor sich geht. Im Artikel „Am laufenden Band" ist dies eine konkrete Situation auf einem Sportplatz in Düsseldorf.

Seite 56

Die Sprache analysieren

6 a + b

	Beispiel aus dem Text
Wortwahl	
anschauliche Verben und Adjektive	Verben: „losstürmen" (Z. 5), „umruppen" (Z. 10) Adjektive: „eiförmig" (Z. 5), „ballführend" (Z. 16)
Aufzählungen	„Mischung aus Werfen, Fangen und Taktik" (Z. 21 f.)
englische Wörter (Anglizismen)	„quick snap" (Z. 3), „Flagfootball" (Z. 6), „offense" (Z. 13), „defense" (Z. 13), „Touchdown" (Z. 15), „flag" (Z. 17), „Quarterback" (Z. 19, 23), „Eagles" (Z. 19), „Team" (Z. 24), „Playbook" (Z. 27), „Receiver" (Z. 38)
Fachbegriffe	z. B.: „Touchdown" (Z. 15), „Quarterback" (Z. 19, 23), „Playbook" (Z. 27), „Receiver" (Z. 38)
Fremdwörter	z. B.: „Taktik" (Z. 22), „Regisseur" (Z. 23), „Chance" (Z. 63)
Umgangssprache/Dialekt	z. B.: „kein Muskelpaket wie Arnold Schwarzenegger" (Z. 9), „einfach super" (Z. 45), „blinken gewaltige Pokale" (Z. 56)
wörtliche Rede	Z. 21–22, 25–26, 30–31, 44–46, 63–65, 66–67, 71–72
Satzbau	
Ausrufesätze	„Blau drei, quick snap!" (Z. 3), „Blau drei!" (Z. 34)
Fragesätze	„Wann hat man schon mal die Chance, mit einer Sport-AG Deutscher Meister oder Europameister zu werden?" (Z. 63 ff.)
kurze Hauptsätze	„Das nennt man Touchdown." (Z. 15), „Das klingt erst einmal kompliziert." (Z. 41 f.)
lange Satzgefüge	„Und das wiederum heißt, dass zwei von Marcs Mitspielern, die Receiver (also: Ballannehmer), zehn Schritte im Winkel von 45 Grad nach außen laufen sollen, damit dann einer von ihnen den Pass vom Quarterback abfangen kann." (Z. 37–41)
Stilmittel	
Alliterationen	–
Auslassungen (Ellipsen)	„Blau drei, quick snap!" (Z. 3), „Kein Wunder, dass ..." (Z. 42 f.), „allein unter Jungs" (Z. 67)
Wortneubildungen (Neologismen)	„Rasenschach" (Z. 43)
Wortspiel	„Am laufenden Band" (Titel)

Seite 57

7 a
- ... der Autor über Hintergrundwissen verfügt und dieses dem Leser zugänglich machen will.
- ... dass sich der Leser wie ein „Ohrenzeuge" ganz nahe am Geschehen fühlt.
- ... weisen darauf hin, dass sich der Text mit einer Sportart aus dem englischen Sprachraum befasst.
- ... verweist sie auf die Besonderheit der Sportart: Die Spieler laufen viel und tragen Fähnchen, die wie lange Bänder aussehen.

b Der Text enthält viele umgangssprachliche Ausdrücke, z. B. „einfach super" (Z. 45). Diese bewirken, dass der Artikel leicht verständlich ist und insbesondere jugendliche Leser anspricht.

c Eine weitere sprachliche Auffälligkeit im Text ist die Verwendung von Fragesätzen („Wann hat man schon mal die Chance ...?", Z. 63 ff.). Diese regen dazu an, sich über Aussagen Gedanken zu machen.
Außerdem finden sich in dem Artikel Fremdwörter, wie zum Beispiel „Regisseur" (Z. 23) oder „Chance" (Z. 63), die den Text abwechslungsreicher gestalten.

Seite 58

Abwechslungsreich zitieren

8 a Wie in Zeile 23 erwähnt wird, ist Quarterback Marc „der Regisseur seiner Mannschaft".
Der Autor erklärt in Zeile 23, dass Marc „der Regisseur seiner Mannschaft" ist.
Er ist „der Regisseur seiner Mannschaft", schreibt der Autor über Marc in Zeile 23.
Als Quarterback ist Marc, so stellt der Autor in Zeile 23 fest, „der Regisseur seiner Mannschaft".
Der Autor vergleicht die Aufgaben eines Quarterbacks mit denen eines „Regisseurs". (Z. 23)

b Darüber hinaus regen Fragesätze wie in Zeile 63 ff., „Wann hat man schon mal die Chance ...?", zum Nachdenken über bestimmte Aussagen des Textes an.
Zudem hat der Verfasser Fremdwörter verwendet, zum Beispiel „Regisseur" in Zeile 23, um den Text abwechslungsreicher zu gestalten.

Absicht und Zielgruppen benennen

9 Der Autor will ...
- über die Sportart Flagfootball informieren.
- Interesse am Flagfootball wecken.

10 Der Text richtet sich vor allem an: Jugendliche.
Dies erkennt man daran, dass viele umgangssprachliche Wendungen enthalten sind, die besonders jugendliche Leser ansprechen.

Seite 59

Das Layout untersuchen

1 **Abbildungen**

Fotos, Zeichnungen	ergänzen den Textinhalt	beziehen sich auf den Text	~~zeigen immer Neues~~
Bildunterschriften	geben manchmal neue Informationen	erklären die Abbildung	~~sind immer lustig~~
Negativdruck (weiße Buchstaben auf schwarzem Grund)	ist auffällig	~~ist zufällig entstanden und bedeutungslos~~	hebt die Bildunterschrift noch deutlicher hervor

Textgestaltung

Headline (größte Überschrift)	weckt Aufmerksamkeit	~~informiert über wichtige Details~~	macht neugierig auf den Text
Untertitel (unter der Headline)	~~hier wiederolt sich die Aussage der Headline~~	gibt genauere Informationen zum Titel	~~ist eine weitere Überschrift~~
fett gedruckte Textstellen	heben etwas im Abschnitt hervor	~~sehen unschön aus~~	~~enthalten inhaltliche Ergänzungen~~
Initial (auffälliger Großbuchstabe)	hebt den Textanfang hervor	~~schreckt den Leser ab~~	~~hat keine Bedeutung~~
Absätze	gliedern den Text optisch und inhaltlich	dienen der besseren Orientierung im Text	~~machen den Text abwechslungsreicher~~
Vorspann	~~enthält immer die eigene Meinung des Verfassers~~	~~ist nicht immer vorhanden~~	gibt einen Ausblick auf den Textinhalt
Zwischenüberschriften	geben einen Ausblick auf den kommenden Absatz	gliedern den Text	~~sind eher zufällig gesetzt~~

2 a
- Im Text werden ausschließlich Fotografien abgebildet.
- Mehrere Fotos zeigen Schüler beim Flagfootball.

b *So könnte deine Lösung lauten:*
Abbildungen ergänzen den Text und veranschaulichen das Thema.

Seite 60

3 a + b + c *So könnte deine Lösung lauten:*

1 Bei der Textgestaltung fällt die fett und größer gedruckte Headline auf, die im Negativdruck abgebildet ist. Sie bewirkt, dass der Leser auf den Text aufmerksam wird.

5 Zahlreiche Fotos ergänzen den Text inhaltlich. Die Bildunterschriften erklären die Abbildungen genauer oder liefern zusätzliche Informationen.

4 Der Text ist in neun Absätze unterteilt, die ihn Text optisch und inhaltlich gliedern, was der besseren Orientierung des Lesers dient.

2 Auch der Untertitel ist im Negativdruck gestaltet. Dieser steht mehrzeilig unmittelbar unter der Headline und liefert genauere Informationen zum Thema.

3 Vor dem eigentlichen Text steht ein Vorspann. Dieser gibt einen Ausblick auf den Inhalt des Textes.

Die eigene Meinung im Schluss begründet darlegen

4 *Wichtig ist, dass du deinen eigenen Standpunkt begründest und überzeugend darlegst. Eine Möglichkeit wäre z.B.:*
Mich hat die Thematik des Textes angesprochen, weil ich diese Sportart bislang nicht kannte. Ich fand erstaunlich, dass es hier in Deutschland so erfolgreiche Schülermannschaften gibt. Wünschenswert fände ich, dass Flagfootball in mehr deutschen Schulen als AG angeboten wird.

Seite 61

D Eine Gliederung erstellen und den Aufsatz schreiben

1 *So könnte deine Gliederung aussehen:*

A. *Die Reportage „Am laufenden Band" wurde von Nicolas Büchse verfasst und erschien in der Zeitschrift YUNO 2/2010. In dem Text geht es um die Sportart Flagfootball, die es nun auch in Deutschland gibt und die dem American Football ähnlich ist.*

B. Texterschließung
  1. Inhaltszusammenfassung
  2. Textsorte: Reportage
  3. Sprache
     a) Satzbau
     b) Wortwahl
     c) Stilmittel
  4. Autorenabsichten und Zielgruppen
  5. Textäußeres/Layout
     a) Textgestaltung
     b) Abbildungen (Fotos)

C. *Mich hat die Thematik des Textes angesprochen.*

2 + 3 *Hier findest du einen gelungenen Musteraufsatz, der alle Kriterien der Checkliste auf S. 61 berücksichtigt und sehr ausführlich eingeht.*

Die Reportage „Am laufenden Band" wurde von Nicolas Büchse verfasst und erschien in der Zeitschrift YUNO 2/2010. In dem Text geht es um die Sportart Flagfootball, die es seit 1999 auch in Deutschland gibt und die dem American Football ähnlich ist.	**Einleitung** Quellenangaben und Kernsatz

Hauptteil
Zusammenfassung

Zuerst wird geschildert, wie Schüler in Düsseldorf Flagfootball spielen. Diese Sportart, die aus den USA stammt, ist mit dem American Football verwandt. Je fünf Angreifer und Verteidiger kämpfen dabei um den Besitz eines eiförmigen Balls und eines Bändchens, das sich jeder Spieler um seine Hüfte an einen Gürtel gebunden hat. Der 13-jährige Marc ist seit drei Jahren ein begeisterter Flagfootballspieler. Als Quarterback entscheidet er über die Spielzüge seiner Mannschaft. 1999 kam diese taktische Sportart nach Deutschland, wo mittlerweile sieben Teams in der Deutschen Football Liga und auch einige Schülerteams ihre Meisterschaften austragen. Marcs Team, die „Meerbusch Eagles“, sind eine sehr erfolgreiche Mannschaft. Das einzige Mädchen im Team ist die 13-jährige Leonie. Zuletzt äußert sich Marc über seine Zukunftspläne: Er erwägt, später einmal zum American Football zu wechseln.

Bestimmung der Textsorte
1. Merkmal und Wirkung
2. Merkmal und Wirkung
3. Merkmal und Wirkung
4. Merkmal und Wirkung

Der vorliegende Text enthält viele typische Merkmale einer Reportage. Der Autor verwendet einen anschaulichen Erzählstil, der den Leser direkt und unmittelbar in das Geschehen hineinversetzt, etwa wenn Herr Büchse vom Geschehen auf dem Sportplatz schreibt (Z. 1–5). Typisch für die Textsorte ist auch der Perspektivenwechsel: Verschiedene Betroffene kommen direkt zu Wort und teilen dem Leser ihren Standpunkt mit. Somit lernt dieser verschiedene Standpunkte zu der Thematik kennen. Deutlich wird das im vorliegenden Fall, wenn sich beteiligte Personen wie der 13-jährige Marc und die gleichaltrige Leonie direkt zu ihrer Sportart äußern und neben vielen weiterführenden Informationen zur Sportart auch persönliche Gedanken zum Thema mitteilen („Wann hat man schon mal die Chance …“, Z. 63–65). Der Artikel handelt von einem bestimmten Thema, das an einem konkreten Beispiel ausgeführt wird, denn Hintergründe, Zahlen und Fakten werden genannt und beweisen das Hintergrundwissen des Autors („Fünf Angriffsspieler stehen …“, Z. 12 ff.). Somit gelingt es dem Verfasser, den Leser, der möglicherweise zuvor noch nichts über diese Sportart wusste, zu informieren und ihm ein gewisses Überblickswissen zu vermitteln. Ein letztes wichtiges Merkmal der Reportage ist der erlebnishafte Stil des Artikels. Der Autor, der namentlich genannt wird, war unmittelbar vor Ort und lässt den Leser am Geschehen teilhaben: „Was hier an einem der letzten Sonnentage im Herbst auf einem Sportplatz in Düsseldorf …“, Z. 1 ff.). Auf diese Weise gelingt es dem Verfasser, den Leser auf das Thema Flagfootball einzustimmen. Der Text enthält viele Informationen über diese Sportart, ist aber auch sehr unterhaltsam zu lesen.

Sprachliche Besonderheiten
Sprachstil und Wirkung
Satzbau und Wirkung
Wortwahl und Wirkung
Stilmittel und Wirkung
Textbeleg
Stilmittel und Wirkung: Anknüpfung an die Überschrift des Artikels: Verbindung Headline mit Textinhalt

Die Reportage „Am laufenden Band“ enthält viele sprachliche Besonderheiten: Umgangssprachliche Ausdrücke („einfach super“ Z. 45) bewirken, dass der Artikel leicht verständlich ist und insbesondere jugendliche Leser anspricht. Denn Flagfootball ist in Deutschland vor allem ein Spiel, das in Schul-AGs gespielt wird. Dass der Autor eine junge Leserschaft ansprechen will, zeigt sich auch am einfach gestalteten Satzbau, der den Artikel zugänglich macht. Die verwendeten Fremdwörter, wie z. B. „Chance“ (Z. 63), sind dennoch allgemein verständlich. Auch eine rhetorische Frage findet sich in dem Text: „Wann hat man schon mal die Chance …“ (Z. 63 ff.). Diese Art der Fragestellung erwartet keine Antwort, sondern regt dazu an, sich über diese Aussage der 13-jährigen Leonie Gedanken zu machen. Sie bringt zum Ausdruck, dass es etwas sehr Ungewöhnliches ist, mit einer AG europaweite Meisterschaften zu bestreiten. Das Wortspiel „Am laufenden Band“ (Titel) verbindet geschickt verschiedene Aussagen miteinander. Eigentlich bezeichnet diese Formulierung eine beständige Abfolge eines Handlungsablaufs – in der Überschrift wird aber gleichzeitig auf das Flagfootball-Spiel und das Band am Gürtel der Angreifer bzw. das Herumlaufen der Angreifer und Verteidiger auf dem Spielfeld Bezug genommen. Das Spiel ist eine beständige Abfolge dieser Ball- und Band-Jagden.

Text	Randbemerkung
Eine Reportage wird mit einer bestimmten Absicht geschrieben und ist oft an eine besondere Zielgruppe gerichtet. Nicolas Büchse will über die Sportart Flagfootball informieren. Hierzu liefert er viele Fachbegriffe, Daten und Hintergrundinformationen, etwa wenn über die Ziele und die Taktik dieses Spiels berichtet wird („Fünf Angriffsspieler stehen fünf Verteidigern gegenüber.“, Z. 12). Der Autor will verdeutlichen, dass Flagfootball eine interessante Sportart ist, die viel taktisches Geschick erfordert. Durch die anschauliche Darstellung eines solchen Spiels soll auch das Interesse der Leserinnen und Leser geweckt werden, diese Sportart vielleicht auch einmal auszuprobieren (Z. 1–7).	**Autorenabsichten**
Der Text „Am laufenden Band“ richtet sich an eine breit gefächerte Leserschaft, vor allem aber sollen offenbar Jugendliche erreicht werden, denn die zahlreichen umgangssprachliche Wendungen sprechen jüngere Leserinnen und Leser besonders an („Und dann ist es einfach super ...“, Z. 45 f.).	**Zielgruppe**
Das Layout der Reportage enthält einige Auffälligkeiten: Vor allem die große in Negativdruck abgebildete Headline ist ein Blickfang und weckt sofort Aufmerksamkeit. Sie macht neugierig auf den nachfolgenden Text. Der darunter stehende Untertitel liefert noch genauere Informationen zur Thematik. Die Absätze gliedern den Text zusätzlich und stellen eine Hilfe beim Lesen dar. Die durch Fettdruck hervorgehobenen ersten Wörter in jedem Absatz tragen zur Textgliederung bei und heben zudem den Textanfang in jedem Absatz hervor.	**Textäußeres/Layout** Textgestaltung
Durch die vielen Fotos, die den Text illustrieren und die sich auf den Inhalt beziehen, kann man sich noch besser vorstellen, wie ein Flagfootball-Spiel abläuft, und erkennt, warum diese Sportart attraktiv sein kann. Die Abbildungen veranschaulichen das Thema und ergänzen den Text sinnvoll. Auch die Bildunterschriften sind dabei hilfreich, da sie die Abbildungen nicht nur erklären, sondern auch neue Informationen liefern.	Abbildungen
Abschließend möchte ich sagen, dass mich die Thematik des Textes sehr angesprochen hat. Bisher kannte ich die Sportart Flagfootball nicht, ich würde sie aber gerne einmal ausprobieren, da mir die Mischung aus Laufen und taktischen Überlegungen gefällt und ich gerne im Team spiele. Allerdings weiß ich nicht, wo ich bei mir in der Nähe diesen Sport ausüben könnte, da es an meiner Schule keine solche AG gibt und auch die Vereine bei mir im Ort kein Flagfootball anbieten. Ich hoffe allerdings, dass ich meinen Sportlehrer für diese Sportart begeistern kann und er nächstes Jahr eine solche AG gründen wird.	**Schluss** Stellungnahme zum Text

7 Jugendliche in Schule und Freizeit

Grundwissenstest

So ermittelst du dein Testergebnis: Vergleiche die folgenden Lösungen mit deinen Ergebnissen und notiere bei jeder Aufgabe, wie viele Punkte du erreicht hast.

A Mit einem Sachtext umgehen

Seite 63

Aufgaben zum Textverständnis

Aufgabe 1 — **1 Punkt**

Der Text informiert über einen Workshop zum Umgang mit Medien.

Aufgabe 2 — **5 Punkte**

Absatz 1 = B; Absatz 2 = F; Absatz 3 = C; Absatz 4 = A; Absatz 5 = D

Seite 64

Aufgabe 3 **5 Punkte**

	Ja	Nein
Am Medien-College nahmen insgesamt 20 Jugendliche teil.		X
Mobbing im Internet finden manche der Jugendlichen weniger schlimm als Mobbing in der Schule.	X	
Viele Jugendliche verzichten auf ein eigenes Profil in Facebook.		X
Einige sehen das Internet als Chance, um zu zeigen, was sie können.	X	
Nur die Eltern können jüngere Kinder vor Gewaltvideos schützen.		X

Aufgabe 4 **2 Punkte**

So könnte deine Lösung lauten:

1. Beleidigungen/Provokationen, z. B.: „Du bist voll fett!“ (Z. 13)
2. Bombardierung mit Mails (Z. 11)

Aufgabe 5 **2 Punkte**

So könnte deine Lösung lauten:

An Google: Macht, dass wir nicht mit allem, was wir veröffentlichen, gegoogelt werden können!/Stellt geschützte Bereiche zur Verfügung!

An Internetshops: Macht die AGBs verständlich!/Stellt persönliche Ansprechpartner zur Verfügung!

Aufgabe 6 **1 Punkt**

So könnte deine Lösung lauten:

„Nein“ zu sagen, bedeutet hier, dass man sich nicht alles, was im Internet veröffentlicht wird, anschauen muss, insbesondere Gewaltvideos.

Seite 65

Aufgabe 7 **5 Punkte**

Hinweis: Für jede richtige Antwort gibt es einen halben Punkt.

Es handelt sich bei dem Artikel um eine Reportage, also um einen journalistischen Text. Die Journalistin Christine Plaß war vor Ort und hat zu ihrem Thema recherchiert. Der Artikel enthält wichtige Informationen über die Ferienfreizeit von Jugendlichen in einem Medien-College. Dafür wurden Teilnehmerinnen und Teilnehmer interviewt. Manche ihrer Äußerungen wurden als Zitate wörtlich wiedergegeben. Der Fließtext beginnt mit einem situativen Einstieg, der die Leserinnen und Leser an den Ort des Geschehens holt. Der Artikel spiegelt stellenweise auch die Meinung der Autorin wider. Als Zeitstufe wurde das Präsens bevorzugt, um die Leserinnen und Leser am Erlebnis teilhaben zu lassen.

Erreichte Punktzahl im Teilbereich Textverständnis		von 21 Punkten

Aufgaben zum argumentativen Schreiben

Aufgabe 8 **2 Punkte**

So könnte deine Lösung lauten:

Eltern könnten ihren Kindern den sicheren Umgang mit dem Internet erklären.

Eltern könnten ihre Kinder vor möglicher Illegalität (z. B. bei Downloads) und gefährlichen Seiten im Internet schützen.

Aufgabe 9 **2 Punkte**

So könnte deine Lösung lauten:

1. Ein „Medien-College“ für Jugendliche ist sinnvoll, weil Jugendliche sich dort mit anderen über die Möglichkeiten und Gefahren des Internets austauschen können.
2. Ein „Medien-College“ für Jugendliche ist sinnvoll, weil die Jugendlichen dort Tipps für den Umgang mit persönlichen Daten im Internet bekommen.

Erreichte Punktzahl im Teilbereich Argumentation		von 4 Punkten

B Mit einem literarischen Text umgehen

Seite 67

Aufgaben zum Textverständnis

Aufgabe 1 **5 Punkte**

Abschnitt 1: Obwohl er möchte, kann Mirko im Sport nicht mithalten.
Abschnitt 2: Der Junge ist gewohnt, viel zu essen, fernzusehen und Computer zu spielen.
Abschnitt 3: Mirko interessiert sich für Kathrin und wird dafür gehänselt.
Abschnitt 4: Mirko schluckt den Frust über die Hänseleien mit Essen hinunter.
Abschnitt 5: Kathrin und Mirko sind weiterhin ganz normale Klassenkameraden.

Aufgabe 2 **4 Punkte**

	Richtig	Falsch	Nicht im Text enthalten
Mirko möchte im Sport so gut sein wie seine Klassenkameraden.	X		
Mirkos Eltern kümmern sich beide gleichermaßen um ihren Sohn.		X	
Mirko vergisst alles um sich herum, wenn ihn Kathrin anschaut.			X
Kathrin wehrt sich gegen die Bemerkungen der anderen.		X	

Aufgabe 3 **2 Punkte**

Mirko hat Schwierigkeiten, sich sein falsches Essverhalten abzugewöhnen.
Für Mirko und Kathrin geht am Ende alles wieder den gewohnten Gang.

Erreichte Punktzahl im Teilbereich Textverständnis | | **von 11 Punkten**

Seite 68

Aufgaben zur Ausdrucksfähigkeit

Aufgabe 4 **3 Punkte**

Eine Mitschülerin fragte Mirko, ob er nicht am anderen Ende der Stadt wohne.
Julia schrie, Mirko sei in Kathrin verknallt.
Axel wollte von Mirko wissen, warum er zu Kathrin gehe.

Aufgabe 5 **5 Punkte**

Hoffentlich hatte das Mädchen keinen <u>schwierigen/schweren</u> Bruch.
Einer <u>unvermittelten/plötzlichen</u> Idee folgend, sprach er in der Pause Julia an.
Die Mitschülerin <u>war völlig überrascht</u> /<u>konnte kaum glauben, was sie hörte.</u>
Während er <u>flüchtete/floh</u>, verfluchte er innerlich sein Vorhaben.
Mit jedem Bissen <u>wurde er glücklicher/zufriedener</u>.

Aufgabe 6 **2 Punkte**

Mirko stört es sehr, <u>dass</u> seine Mitschüler ihn nur als „Loser“ kennen.
<u>Obwohl</u> Mirko wie seine Freunde sein möchte, gelingt es ihm nicht, seine Gewohnheit aufzugeben./
Mirko möchte wie seine Freunde sein, <u>aber</u> es gelingt ihm nicht, seine Gewohnheit aufzugeben.

Seite 69

Aufgabe 7 **4 Punkte**

Blamage = Schande/Bloßstellung
Rendezvous = Treffen/Verabredung
Courage = Mut/Beherztheit
Chance = Möglichkeit/Gelegenheit

Erreichte Punktzahl im Teilbereich Ausdrucksfähigkeit | | **von 14 Punkten**

C Mit Grafiken umgehen

Aufgabe 1 **1 Punkt**

So könnte deine Lösung lauten:
Die Grafik zeigt, wie viel Zeit Schüler der Klassenstufen 5–10 in der Woche und am Wochenende mit Arbeiten für die Schule verbringen.

Aufgabe 2 **1 Punkt**

So könnte deine Lösung lauten:
Die tägliche zusätzliche Belastung von Achtklässlern in der Woche ist etwa doppelt so hoch wie am Wochenende.

Aufgabe 3 **1 Punkt**

So könnte deine Lösung lauten:
Die tägliche zusätzliche Belastung für Schüler am Wochenende nimmt von der 7. bis zur 10. Jahrgangsstufe stetig zu.

Seite 70

Aufgabe 4 **2 Punkte**

In der Abbildung wird dargestellt, wie viele Minuten Angehörige verschiedener Altersgruppen pro Tag Zeitung lesen und was gelesen wird.

Aufgabe 5 **6 Punkte**

	Richtig	Falsch
Je älter die Menschen sind, desto länger lesen sie täglich Zeitung.	X	
Junge Leute von 14 bis 29 Jahren lesen etwa eine halbe Stunde pro Tag die Zeitung.	X	
Der Sportteil wird durchschnittlich 59 Minuten pro Tag gelesen.		X
Regionale Nachrichten werden von den meisten gelesen.	X	
Für deutsche Politik interessieren sich die wenigsten Zeitungsleser.		X
75 Prozent lesen die Wirtschaftsnachrichten.	X	

Seite 71

Aufgabe 6 **1 Punkt**

- Anhand der Tabelle lässt sich ablesen, wie viel Zeit Schüler der Klassen 5 bis 10 in der Woche und am Wochenende mit Fernsehen und mit Freunden verbringen.

Aufgabe 7 **5 Punkte**

	Richtig	Falsch
Achtklässler verbringen während der Woche mehr Zeit mit Freunden als mit Fernsehen.	X	
Der Zeitaufwand für Freunde am Wochenende ist immer niedriger als fürs Fernsehen.		X
Jüngere Schüler wenden für Fernsehen und Freunde mehr Zeit auf.		X
Zehntklässler verbringen mehr Zeit mit Freunden als Schüler der anderen Jahrgangsstufen.		X
Achtklässler verbringen am Wochenende mehr als doppelt so viel Zeit mit Freunden als Sechstklässler.	X	

Erreichte Punktzahl im Teilbereich „Mit Grafiken umgehen“ ______ **von 17 Punkten**

D Rechtschreibung und Zeichensetzung

Aufgabe 1 a + b	12 Punkte

Hinweis: Die korrigierten Fehlerwörter wurden im folgenden Lösungstext unterstrichen, die gesetzten Kommas eingerahmt. Für jedes korrigierte Wort erhältst du einen Punkt, ebenso für jedes richtig gesetzte Komma. Für jede falsche Korrektur wird ein Punkt abgezogen. Weniger als 0 Punkte gibt es nicht.

Von wegen „Null-Bock-Generation“

Immer wieder werden neue Studien herausgebracht, die sich mit dem Freizeitverhalten von Jugendlichen beschäftigen. Der Grund liegt vielleicht in der Annahme vieler Erwachsener, dass Schüler im Alter von 10 – 18 Jahren häufig „null Bock auf gar nichts“ hätten. Sie würden nur tun, was zu tun sei: nämlich in die Schule gehen. Und selbst hier ließen die Anstrengung und die Bereitschaft zum Lernen zu wünschen übrig. Viele seien nur an wenigen Dingen interessiert und nur zu wenig Leistung bereit.

Doch zwei unabhängige Untersuchungen an Realschulen kommen zu folgendem Ergebnis: Ab der 7. Jahrgangsstufe werden Schüler aktiver. Sie unternehmen besonders am Wochenende viel mit Freunden oder sind von morgens bis zum Abend in Vereinen aktiv. Wenn auch das Engagement für die Schule zunächst eher gering ist, so steigert es sich schließlich im Verlauf der Schulzeit bis zur 10. Klasse, während gleichzeitig die außerschulischen Aktivitäten wieder abnehmen.

Daraus lässt sich folgern: Die Jugendlichen haben Bock – nur eben nicht immer auf Schule.

Erreichte Punktzahl im Teilbereich Rechtschreibung und Grammatik		von 12 Punkten

Trage zur Auswertung des Tests die Punktzahlen der Teilbereiche in die folgende Tabelle ein und errechne die Gesamtpunktzahl:

	Höchstpunktzahl	Deine Punktzahl
A Mit einem Sachtext umgehen		
Aufgaben zum Textverständnis	21	
Aufgaben zum argumentativen Schreiben	4	
B Mit einem literarischen Text umgehen		
Aufgaben zum Textverständnis	11	
Aufgaben zur Ausdrucksfähigkeit	14	
C Mit Grafiken umgehen	17	
D Rechtschreibung und Zeichensetzung	12	
Gesamtpunktzahl	**80**	

Bewertung deines Testergebnisses:

80–74 Punkte: Eine sehr gute Leistung!
73–63 Punkte: Eine gute Leistung!
62–52 Punkte: Eine befriedigende Leistung.
Wo hast du weniger Punkte erreicht als möglich? Übe besonders in diesem Bereich.
51–42 Punkte: Gerade ausreichende Leistung.
Übe besonders in dem Bereich, wo du die wenigsten Punkte erreicht hast.
41–31 Punkte: Keine ausreichende Leistung.
Übe noch einmal mit diesem Heft oder bearbeite Aufgaben, die ihr im Unterricht durchgenommen habt, erneut.
30–0 Punkte: Eine ungenügende Leistung. Du musst alle Bereiche gründlich üben.
Du kannst deine Deutschlehrerin oder deinen Deutschlehrer bitten, dir Übungsmaterialien zu geben.

Realschule Bayern

Deutschbuch

Arbeitsheft 8

Lösungen

Name: ______________________________

Klasse: ______________

Cornelsen

Übungen für den Jahrgangsstufentest

1. Teil (Kompetenzbereich I): Aufgaben zum Textverständnis — 20 Punkte

Seite 4

Aufgabe 1 — 9 Punkte

a 1 Tim-Thilo Fellmer: Beispiel eines Analphabeten – 2 Informationen zu „funktionalem Analphabetismus" – 3 Zahl der Analphabeten in Deutschland – 4 Ursachen des Analphabetismus – 5 Folgen des Analphabetismus – 6 Fördermaßnahmen und Anlaufstellen – 7 Tim-Thilo Fellmers Sieg über den Analphabetismus

b Beispiellösung: Z. 42–54: Düstere Perspektiven im Berufsleben – Z. 54–65: Angst und Scham im Alltagsleben – Z. 65–75: „Trivial Pursuit" – Albtraum eines Analphabeten

Seite 5

Aufgabe 2 — 5 Punkte

A richtig – B falsch – C richtig – D nicht im Text enthalten – E falsch

Aufgabe 3 — 6 Punkte

Richtig sind folgende Angaben: fast doppelt so viele – mehr – geringer – 56,9 – 16,7 – 50- bis 64-Jährigen

2. Teil (Komptenzbereich II): Aufgaben zur Ausdrucksfähigkeit — 13 Punkte

Seite 6

Aufgabe 4 — 7 Punkte

a A wortwörtlich: einbürgern, Wohnraum zur Verfügung stellen, wohnen lassen – B im übertragenen Sinn: zuordnen, in Zusammenhang bringen

b Beispiellösung: A beleuchtet, zeigt, stellt vor – B bleiben unzugänglich, sind nicht zugänglich, stehen nicht offen – C Thema, über das man nicht spricht, verbotenes Thema

c A statistisch nicht fassbare Zahl – B Bedenken oder Angst, etwas zu tun

Aufgabe 5 — 3 Punkte

Beispiellösung: A erwerbstätig, berufstätig – B langsam, stockend, zögernd – C haben nichts miteinander zu tun, hängen nicht zusammen, stehen in keinem Zusammenhang

Seite 7

Aufgabe 6 — 3 Punkte

A zwischen den Zeilen lesen: beim Lesen den tieferen Sinn des Geschriebenen ermitteln – B in den Sternen lesen: ein Horoskop erstellen – C jemandem die Leviten lesen: jemanden tadeln, zurechtweisen

3. Teil (Kompetenzbereich III): Aufgaben zur Rechtschreibung und Zeichensetzung — 14 Punkte

Aufgabe 7 — 3 Punkte

(Für jeden Fehler – auch ein fehlendes oder falsch gesetztes Komma – gibt es einen Punkt Abzug.)
Wenn du das liest, verstehst du, wie man sich als Analphabet fühlt.

Aufgabe 8 — 6 Punkte

(Für jeden Fehler gibt es einen Punkt Abzug.)
schreiben – das Lesen – fiel – Hamburger Hafen – musste – Probleme – überhaupt – herzustellen – beim Hören – dass – Sätze – des Gelesenen

Seite 8

Aufgabe 9 — 5 Punkte

(Für jeden Fehler gibt es einen Punkt Abzug.)
Obwohl Jens Baldt mit den Wörtern an der Tafel, im Heft oder in den Schulbüchern kaum etwas anfangen konnte, blieb er nicht ein einziges Mal sitzen. „In Klassenarbeiten hatte ich immer eine Sechs, aber mündlich habe ich einiges wieder rausgerissen", erklärt er. Und die Lehrer hätten ihn wohl auch deshalb immer versetzt, weil keiner die Zeit und die Motivation für die Bewältigung des Problems hatte.

4. Teil (Kompetenzbereich IV): Aufgaben zur Grammatik — 22 Punkte

Aufgabe 10 — 6 Punkte

Beispiellösung:

A Trotz vieler Hilfsangebote → Obwohl es viele Hilfsangebote gibt, ist die Zahl der Analphabeten gestiegen.

B aus Angst oder Scham → Viele Analphabeten verbergen ihre Schwächen, weil sie Angst haben oder sich schämen / da sie Angst oder Scham empfinden.

C Durch die Erfindung raffinierter Notlügen → Indem sie raffinierte Notlügen erfinden, mogeln sie sich durch den Alltag.

Aufgabe 11 — 4 Punkte

A Analphabeten sind auf die Hilfe Dritter, die ihnen offizielle Briefe oder Formulare vorlesen, angewiesen.

B Im Laufe der Zeit entwickelt sich eine riesige Angst, die immer weiter verstärkt wird.

Seite 9

Aufgabe 12 — 5 Punkte

habe – spiele – könnten – bleibe – kämen

Aufgabe 13 — 4 Punkte

A = Aktiv → Umwandlung ins Passiv: Vom Bundesbildungsministerium wurde ein Forschungsprogramm zum Analphabetismus gefördert. – B = Passiv → Umwandlung ins Aktiv: Jedes Jahr verlassen etwa 60 000 junge Menschen die Schule ohne Abschluss.

Aufgabe 14 — 3 Punkte

funktionaler (Adjektivattribut) – der Rechtschreibung (Genitivattribut) – die vielen selbstverständlich sind (Attributsatz/Relativsatz)

Insgesamt zu erreichende Punktzahl: — 69 Punkte

Zu einem Bild erzählen

Ein Bild zum Leben bringen

Seite 10

1 Mögliche Bildtitel: (Die) Kartenspieler, (Das) Kartenspiel. Originaltitel: Die Kartenspieler

Seite 11

2 Mögliche Stichworte in der Mind-Map (du musst natürlich nicht so viele geschrieben haben):
Welche Figuren kommen vor? zwei Männer in Anzug und mit Hut, beide mit Blick auf die Spielkarten in ihrer Hand; Mann links in dunkler Anzugjacke, mit elegantem Hut, dunklem Haar und Schnauzbart, raucht Pfeife; Mann rechts in heller Jacke, mit eher verbeultem Hut, ebenfalls mit Schnurrbart, wohl jünger als der andere – **Spielen weitere Figuren eine Rolle?** *(Du kannst dir in der Mind-Map schon Ideen für weitere Figuren notieren und ihnen Namen geben.)* Ich-Erzähler (tritt als Zuschauer in das Bild), weitere Gäste, Bedienung des Lokals – **Wo befinden sich die Figuren?** vielleicht in einer Kneipe/einem Lokal, in einem Raum mit großem Fenster oder auf einer Veranda, vor einer mit Holz verkleideten Wand oder vor einem Balkongeländer, an einem Holztisch, Blick in die Dämmerung – **Was machen sie dort?** spielen Karten, der linke Mann raucht Pfeife – **Wann findet das Geschehen statt?** früher Herbstabend – **Was sehen die Figuren?** konzentrieren sich auf ihr Kartenspiel, sehen ihre Karten, einen Holztisch, dahinter eine Weinflasche; wenn sie aufblicken würden, könnten sie im Hintergrund in die Dämmerung blicken – **Was ist zu hören, zu riechen?** Stille im Raum, Pfeifenrauch – **Was denken/fühlen die Figuren?** Beide denken nach. Der Mann links mit der Pfeife wirkt auf Grund seiner aufrechten Haltung sicherer, vielleicht denkt er, dass er die besseren Karten hat. Der Mann rechts wirkt wegen seiner gebeugten Haltung unsicherer, vielleicht meint er, dass er die schlechteren Karten hat, und überlegt sich den nächsten Spielzug. – **Welche Stimmung herrscht in der Situation?** Konzentration, Spannung

Seite 12

3 Beispiellösungen:
Rückblende (Vorgeschichte der Situation auf dem Bild): zwei Männer in einer Kneipe, tauschen sich aus; ich allein am Nebentisch bei der Brotzeit, weitere Gäste unterhalten sich; die beiden Männer beschließen, Karten zu spielen; Mischen der Karten, das Spiel beginnt ...
Blick nach vorn (mögliche Fortsetzung der Szene): angespannte Situation, Mann rechts aufgeregt, legt zitternd eine Karte ab, sagt etwas, Ablenkung durch die Bedienung, plötzlich alle Karten auf dem Tisch, Spannung steigt weiter, Mann rechts springt auf, alle Gäste schauen auf ihn, Pfeifenraucher versucht, ihn zu beruhigen, Bedienung bringt Getränke, Kartenspieler verlässt wütend das Lokal ...

Eine Erzählung zu dem Bild schreiben

Seite 13

1
a 1C – 2A – 3B (enthält neben Antworten auf die W-Fragen allerdings auch Angaben zur Vorgeschichte)
b Gewählte Erzählperspektiven: Ich-Erzähler aus der Sicht eines Außenstehenden: 1, 2 – Er-/Sie-Erzähler: 3 – (Ich-Erzähler aus der Sicht des Pfeifenrauchers und aus der Sicht des Kartenspielers mit der hellen Jacke kommen nicht vor.)
c Beispiellösung für die Einleitung (= Kombination aus den Einleitungen 2 und 3, etwas umgeschrieben, erzählt von einem außenstehenden Ich-Erzähler, der das Geschehen beobachtet):

„Guten Appetit!", mit diesen Worten überreichte mir der Kellner ein großes Käsebrot. Dieser frühe Herbstabend war ideal für einige entspannte Stunden in unserer gemütlichen Dorfkneipe. Während ich ins knusprige Brot biss und den Blick durch das Fenster in die hereinbrechende Dämmerung schweifen ließ, betraten zwei Männer, ein jüngerer und ein älterer, die gut besuchte Kneipe. Ohne Jacke und Hut abzulegen, setzten sie sich an einen der letzten freien Tische direkt neben mir. Schon öfter hatte ich die beiden hier gesehen. Der, der links am Tisch saß, steckte seine Pfeife an und holte aus seiner Jackentasche ein kleines Päckchen hervor. Behutsam öffnete er es und reichte es seinem Gegenüber. Darin befanden sich Spielkarten, die der andere nun lange mischte. Das Kartenspiel begann.

Seite 14

2 Erzählperspektive: Ich-Form – aus der Sicht einer Figur am Nebentisch der Kartenspieler

3
a  B –  B
b Im Text fehlt wörtliche Rede. Beispiele für mögliche Ergänzungen: bei der Schilderung des unkonzentrierten Spielers (Z. 4): „Nein, nein, nein", murmelte er. – Nach der Ankündigung, dass sich die Spannung wie ein Gewitter entlud (Z. 10): „Du Betrüger!" „Du Halunke!" „Du Schurke!" „Dir werd ich es zeigen, du Falschspieler!"
c Beispiellösung für den ergänzten Text aus dem Hauptteil:

Ich sah, wie der Kartenspieler mit der Pfeife angespannt überlegte, welche Karte er ablegen sollte. Immer wieder sortierte er die Karten aufs Neue. Seine Gedanken schienen sich ausschließlich auf das Spiel zu konzentrieren. Die Spannung, die in der Luft lag, wurde durch keinen Laut gestört. Es roch nach Pfeifenrauch. Der andere Spieler wirkte nach außen hin wie die Ruhe selbst, aber ich ahnte, dass er aufgeregt war. Seine gebeugte Haltung und sein angespannter Gesichtsausdruck verrieten es. Was konnte der Grund für seine Aufregung sein? Der vergangene arbeitsreiche Tag? Der Missmut über seine schlechten Karten? Er erweckte den Anschein, nicht ganz bei der Sache zu sein. Er wirkte unkonzentriert. „Nein, nein, nein", murmelte er kopfschüttelnd vor sich hin. Ich fragte mich, wer wohl gewinnen würde. Nach zwei Minuten, die mir wie zwanzig vorgekommen waren, legte er nervös zitternd eine Karte ab und sagte etwas, das ich nicht verstand, weil die Bedienung mich fragte, ob ich denn noch etwas zu trinken haben wolle. Ich verneinte mit einem Kopfschütteln, und als ich mich wieder umgedreht hatte, lagen alle Karten offen auf dem Tisch. Das Spiel konnte nicht auf normalem Wege zu Ende gebracht worden sein! Die gespenstische Ruhe dieses Moments sollte das Startsignal für das sein, was sich unmittelbar danach zutrug. Die Spannung entlud sich mit einem Mal wie ein Gewitter. „Du Betrüger", schrie unvermittelt der Mann rechts am Tisch. Immer erregter und lauter wurde seine Stimme: „Du Halunke, dir werd ich es zeigen!" Mit hochrotem Kopf brüllte er weiter: „So geht das nicht, du Falschspieler!"

d Sprachliche Fehler: Total überraschend – der zuvor bereits aufregende Spieler – Der Stuhl vom aufgeregten Spieler – fiel [...] runter. Nun war [...] Nun stand [...] – Er war – echt beruhigend
Beispiellösung für die Fortsetzung von Davids Hauptteil:

Überraschend sprang der zuvor bereits aufgeregte Spieler auf. Sein Stuhl fiel dabei krachend um/zu Boden. Nun war die Aufmerksamkeit aller Gäste auf ihn gerichtet. Er selbst stand wie vom Donner gerührt da, scheinbar erschrocken über sein eigenes Handeln. Wie sollte es weitergehen? Der Pfeifenraucher nahm seine Pfeife aus dem Mund und begann, beruhigend auf den Mitspieler einzureden.

Seite 15

4
a Der Beginn von Schluss A passt nicht zum Hauptteil, denn da steht der Verlierer noch völlig aufgebracht da.
B passt zum Text: ein offener Schluss, der Streit wird sich womöglich weiter steigern.

b Beispiellösung für einen anderen Schluss (Überarbeitung von Schluss A, rundet das Geschehen ab und bleibt trotzdem etwas offen):

Doch der Verlierer stürmte, noch immer aufgebracht, aus dem Lokal. Scheppernd fiel die Tür ins Schloss. Der Gewinner des Kartenspiels machte seelenruhig seine Pfeife aus und schenkte sich ein Glas Wein ein. Ich gesellte mich zu ihm und erkannte ein Lächeln, als er sein Blatt noch einmal mit dem des anderen verglich.

Die Ergebnisse zu den Aufgaben 1c, 3c, 3d und 4b (hier grau unterlegt) ergeben eine vollständige Erzählung zu dem Bild von Paul Cézanne.

Anhand der folgenden Checkliste kannst du überprüfen, ob deine Erzählung zu einem Bild gelungen ist:

Zu einem Bild erzählen

Erzählperspektive
- Habe ich die Erzählperspektive durchgehend eingehalten?

Inhalt
- Wo habe ich das Bild platziert? Spielt es eine zentrale Rolle?
- Ist die im Bild gezeigte Situation (Ort, Zeit, Personen) in meiner Erzählung klar erkennbar?
- Habe ich das Bild zum Leben gebracht (Spaziergang ins Bild, Rückblende oder Blick nach vorn)?
- Habe ich mir eine Handlung mit einem „roten Faden“ dazu ausgedacht?

Gliederung
- Führt meine Einleitung in die Erzählung ein oder beginne ich unmittelbar mit der auf dem Bild dargestellten Situation?
- Enthält der Hauptteil eine durchgehende Handlung mit sinnvollen Handlungsschritten und eventuell einen Wendepunkt?
- Rundet der Schluss meine Erzählung sinnvoll ab? Sie kann jedoch auch abrupt und offen enden.

Sprache
- Erzähle ich durchgehend im Präteritum, bei Vorzeitigkeit im Plusquamperfekt?
- Sind Sinneswahrnehmungen und Gefühle wiedergegeben? Habe ich innere Monologe genutzt?
- Habe ich treffende Verben, anschauliche Adjektive und Partizipien verwendet?
- Habe ich Wiederholungen vermieden und auf einen abwechslungsreichen Satzbau geachtet, sind vielleicht auch kurze oder unvollständige Sätze aneinandergereiht oder Frage- und Ausrufesätze vorhanden?

Abwechslungsreich und anschaulich erzählen

Seite 15

1 Beispiellösung:
anschauliche Adjektive und Partizipien: *(markiert:)* angespannt, nervös zitternd, gespenstisch (S. 14, Aufgabe 2, Z. 1, 5, 9); *(weitere Beispiele:)* bunt dekoriert, gemütlich (S. 13, A. 1a, Einleitung 2), behutsam (S. 13, A. 1a, Einleitung 3) – **treffende, ausdrucksstarke Verben:** *(markiert:)* sich zutragen, sich entladen (S. 14, A. 2, Z. 10), sich gesellen (S. 15, A. 4, Schluss A), auftischen (S. 15, A. 4, Schluss B); *(weitere Beispiele:)* reichen, verneinen, sich erheben, gestikulieren – **Vergleiche mit „wie“:** *(markiert:)* wie ein Gewitter (S. 14, A. 2, Z. 10); *(weitere Beispiele:)* wie die Ruhe selbst (ebd., Z. 3), wie vom Donner gerührt (S. 14, A. 3d, Z. 3) – **wörtliche Rede:** „Guten Appetit!“, mit diesen Worten ... (S. 13, A. 1a, Einleitung 2) – **innerer Monolog:** *(markiert:)* Ich fragte mich, wer wohl gewinnen würde. (S. 14, A. 2, Z. 4); *(weitere Beispiele:)* Das Spiel konnte nicht auf normalem Wege zu Ende gebracht worden sein! (ebd., Z. 8), Was konnte der Grund für seine Aufregung sein? Der vergangene arbeitsreiche Tag? Der Missmut über seine schlechten Karten? (S. 14, A. 3a, Ergänzung B) – **Schilderung von Sinneswahrnehmungen (hören und riechen):** *(markiert:)* Die Spannung [...] wurde durch keinen Laut gestört. (S. 14, A. 2, Z. 2); *(weiteres Beispiel:)* Es roch nach Pfeifenrauch. (ebd., Z. 2) – **abwechslungsreiche Satzanfänge, abwechslungsreicher Satzbau:** *(markiert:)* Der Gewinner [...]. Langsam [...]. (S. 15, A. 4, Schluss A) – Alles [...]. Diese [...]. Krachend [...]. Noch von draußen [...]. (S. 15, A. 4, Schluss B) – **Fragen:** Was konnte der Grund für seine Aufregung sein? Der vergangene arbeitsreiche Tag? Der Missmut über seine schlechten Karten? (S. 14, A. 3a, Ergänzung B), Wie sollte es weitergehen? (S. 14, A. 3d, Z. 4)

2 ●●● Beispiele für feste (Rede-)Wendungen: Spannung, die in der Luft lag (S. 14, A. 2, Z. 2) – wie die Ruhe selbst (S. 14, A. 2, Z. 3) – wie vom Donner gerührt (S. 14, A. 3d, Z. 3)

Mit wörtlicher Rede und innerem Monolog lebendig erzählen

Seite 16

1 A Der innere Monolog – B Die wörtliche Rede

2 Beispiellösungen:
Sprechblase des Jungen: Hallo, kann ich dir helfen, wenn die S-Bahn kommt? – Denkblase des Mädchens: Der Junge sieht nett aus, aber mit einer, die im Rollstuhl sitzt, will er bestimmt nichts zu tun haben. – Sprechblase des Mädchens: Ja, gerne, das wäre prima, allein geht es nicht so gut und ich habe immer Angst, dass die Türen automatisch schließen, während ich halb drinnen und halb draußen hänge. – Denkblase des Jungen: Eigentlich sieht sie ganz vergnügt aus, obwohl ihre Situation sicher schrecklich ist. Aber Mitleid will sie bestimmt nicht, das hilft ihr ja auch nicht.

3 Beispiellösung:

Am Bahnsteig

Auf dem Rückweg von der Theater-AG traf der 15-jährige Peer am Bahnsteig ein etwa gleichaltriges Mädchen, das im Rollstuhl saß. Mit einem fröhlichen Lächeln war sie aus dem Aufzug direkt auf ihn zugerollt.
Ach, die Arme, dachte er fast automatisch – und ärgerte sich sofort darüber, denn er wusste, dass Mitleid oft unaufrichtig ist. Also versuchte er, freundlich auszusehen, und fragte bemüht ungezwungen: „Hallo, kann ich dir helfen, wenn die S-Bahn kommt?" Dabei überlegte er fieberhaft, wie er wohl das Ungetüm von Rollstuhl in den Zug bringen sollte. Da erwiderte auch schon eine helle Stimme: „Ja, gerne, das wäre prima! Allein geht es zwar auch, aber ich habe immer Angst, dass die Türen automatisch schließen, während ich halb drinnen und halb draußen hänge." Peer rutschte das Herz in die Hose, denn er musste sich sofort vorstellen, wie er das nette Mädchen fast umkippen würde. Stell dich nicht so an!, machte er sich selbst Mut. Eigentlich schaut sie sehr vergnügt in die Welt, bemerkte er und vermutete: Wahrscheinlich ist sie ein prima Kumpel!
Der Junge sieht nett aus, aber mit einer, die im Rollstuhl sitzt, will er bestimmt nichts zu tun haben, befürchtete unterdessen Kira – so hieß das Mädchen. Na, wir werden sehen! Nicht alle gucken nur auf die Beine.
Eine Dreiviertelstunde später hatten bereits drei Züge angehalten und waren ohne die beiden wieder abgefahren. Kira und Peer saßen immer noch da und redeten und redeten. Sie hatten unglaublich viele gemeinsame Interessen!

Anhand der Checkliste auf S. 5 kannst du überprüfen, ob deine Erzählung gelungen ist.

Einen Schreibplan entwickeln

Seite 17

1 Weitere Stichworte für die Mind-Map (Beispiellösung):
Wann? Maitag, vormittags – Wer noch? niemand – Welche Stimmung? zuerst heiter, entspannt, später bedrohlich – Was fühlt und denkt der Erzähler? Zuneigung zu Betty, erst gehetzt, später scheinbar überlegen, kalter Schweiß (nie zugeben!)

2 Beispiellösung:
Platzierung des Bildes: Hauptteil – Erzählperspektive: Ich-Form, aus der Sicht des Jungen – Einleitung: Rückblende – Hauptteil: Radeln in der Natur, Betty redet viel und radelt schnell, Wildschwein bricht aus dem Wald, zitternde Betty – Schlussteil: Abrundung: hatte selbst Angst, würde es nie zugeben

3 Beispiellösung:

Radtour mit Überraschung

An einem sonnigen Maitag holte mich Betty – die mit dem lustigen Pferdeschwanz und den netten Sommersprossen aus der 8 b – zu einer Radtour ab. Ganz wohl war mir bei dem Vorhaben nicht: Betty ist eine Sportskanone, sie liebt das Abenteuer! Ich schätze mehr meine Couch, meinen Laptop und meinen MP3-Player. Aber ein ganzer Tag mit Betty erschien doch sehr verlockend!
„Auf geht's!", rief sie schon morgens um halb neun fröhlich an unserer Tür. Mehr oder weniger vergnügt radelten wir durch den Wald. Der Fahrtwind wehte um meine blasse Nase, ungewohnt frische Luft drang in meine Lunge. Blumen und Obstbäume dufteten, während sich über uns ein klarer blauer Himmel wölbte. Die Vögel zwitscherten mit Betty um die Wette. Sie radelte nicht nur viel schneller als ich, sie redete auch viel mehr. Wenigstens Luft holen könnte sie doch!, schoss es mir durch den Kopf. Aber dann musste ich mich schon wieder aufs Strampeln und Zuhören konzentrieren.
Da, plötzlich brach auf der rechten Straßenseite ein gewaltiges Wildschwein aus dem Unterholz. Der schwarze Koloss raste vor Betty auf die Straße, bremste unvermittelt ab, grunzte und schnaufte fürchterlich – und trollte sich dann links von mir gemächlich in den Wald. Betty stand zitternd neben ihrem teuren Mountainbike. Ihre schicke rote Baseballkappe war ihr auf die Nase gerutscht, Schweißperlen sammelten sich über ihrer Oberlippe. „Was ..., was ..., was war das?", stammelte sie ängstlich. „Ach, das war doch nur ein kleines Wildschwein", bemerkte ich fachmännisch und versuchte, möglichst überlegen zu klingen. Gönnerhaft bot ich der bibbernden Betty meine breite Schulter an, um sie zu trösten.
Es dauerte eine Weile, bis wir weiterfahren konnten. Auch dann zitterten meine Knie immer noch wie Espenlaub und eiskalter Schweiß stand mir auf dem Rücken. Aber das hätte ich natürlich nie zugegeben.

Anhand der Checkliste auf S. 5 kannst du überprüfen, ob deine Erzählung gelungen ist.

Schriftlich argumentieren

Eine vollständige Argumentation aufbauen

Seite 18/19

1 a A3a – B1d – C2c
b A *(Behauptung:)* Ein Schülercafé bietet die Möglichkeit, sich mit Mitschülern zu unterhalten. *(Begründung:)* Oft gibt es nämlich in der Schule keine Räumlichkeiten für wichtige Unterredungen. *(Beispiel/Beleg:)* In einem schön eingerichteten Café könnten die Nachmittage für Besprechungen von Teamreferaten genutzt werden. – B *(Behauptung:)* Im Schülercafé können die Schüler Zeit mit ihren Freunden verbringen. *(Begründung:)* Da die Jugendlichen häufig aus Orten kommen, die weit auseinanderliegen, wären sie froh über die Möglichkeit, sich im Café zu treffen. *(Beispiel/Beleg:)* Um zu meinem Freund zu gelangen, muss ich eine einstündige Busfahrt auf mich nehmen, im Schülercafé könnten wir jedoch nach der Schule ganz problemlos beisammen sein. – C *(Behauptung:)* In einem solchen Café kann man Wartezeiten angenehm überbrücken. *(Begründung:)* In Freistunden oder nach der Schule wäre es möglich, sich die Zeit im Café zu vertreiben. *(Beispiel/Beleg:)* Man müsste also nicht beispielsweise am Bahnhof auf den nächsten Bus warten oder gelangweilt irgendwo im Schulhaus herumsitzen.

2 Weitere positive Aspekte: z. B. Kleinigkeit essen, Lernen für das Berufsleben, gemeinsames Lernen

3 a Behauptung = einfach unterstrichen, Begründung = doppelt unterstrichen:
Ein weiterer wichtiger Faktor [...] ist, dass ältere Schüler bei der Organisation und Planung Erfahrungen für das spätere Berufsleben sammeln könnten, weil sie Einblicke in verschiedene Arbeitsabläufe bekommen.
b Beispiellösung: Das Schülercafé-Team müsste beispielsweise die Bestellung der Getränke und Lebensmittel erledigen, sich um Organisatorisches kümmern oder auch die Reinigung des Cafés übernehmen.

Eine formale Anfrage verfassen

Seite 20

1 b 1A, B, C – 2D – 3E – 4B, C

2 Beispiellösung für Briefkopf, Betreff und Einleitung:

Lisa Meier, Vorsitzende der SMV
Sophie-Scholl-Realschule
Marieluise-Fleißer-Str. 27
80XXX Rosenheim

An den Elternbeirat der
Sophie-Scholl-Realschule
Marieluise-Fleißer-Str. 27
80XXX Rosenheim

Rosenheim, 12. 02. 20XX

Unterstützung bei der Einrichtung eines Schülercafés

Sehr geehrte Damen und Herren,

wie Sie eventuell schon von unserer Schulleitung erfahren haben, planen wir von der SMV, ein Schülercafé einzurichten. Ich möchte Sie deshalb als Vorsitzende der SMV über den derzeitigen Stand unserer Überlegungen informieren, da wir uns für die Einrichtung und andere Anschaffungen von Ihnen finanzielle Unterstützung erhoffen.

Seite 21

3 a So sieht die richtige Beschriftung aus:

1	x	x
x	2	1
2	1	2

b Die mit „x" versehene Argumentation passt nicht, da sie ein anderes Thema behandelt, nämlich ein Internetcafé. In einem Schülercafé gibt es nicht automatisch Computer mit Internetanschluss.

4 Nachdem – unterstützen – Gerne sind wir bereit – positive – Mit freundlichen Grüßen – Vor- und Nachname – Name der Realschule

5 Beispiellösung:
(Ein Beispiel für Briefkopf, Betreff und Einleitung findest du auf S. 7 bei den Hinweisen zu Aufgabe 2.)

Für die Einrichtung eines Schülercafés spricht zunächst, dass sich Schüler dort gegenseitig beim Lernen unterstützen könnten. Denn Klassenkameraden können sich verabreden, wenn es Verständnisprobleme bei neuem Stoff im Unterricht gab. Im Café wird dann gemeinsam gelernt und geübt. Der Matheprofi kann zum Beispiel die neuesten Regeln erklären, im Gegenzug bekommt er die aktuelle Englischgrammatik nähergebracht.

(Hier kannst du die Argumente A bis C aus Aufgabe 1b einfügen, solltest aber an passende Verknüpfungen denken.)

Ein weiterer wichtiger Faktor, der für das Schülercafé an unserer Realschule spricht, ist, dass ältere Schüler bei der Organisation und Planung Erfahrungen für das spätere Berufsleben sammeln könnten, weil sie Einblicke in verschiedene Arbeitsabläufe bekommen. Das Schülercafé-Team müsste beispielsweise die Bestellung der Getränke und Lebensmittel erledigen und sich um Organisatorisches kümmern.

Nachdem ich Ihnen einige Vorteile eines Schülercafés an unserer Schule dargelegt habe, hoffe ich, dass Sie die Idee der SMV unterstützen. Gerne sind wir bereit, ein Treffen mit Ihnen zu vereinbaren, bei dem finanzielle und weitere Fragen geklärt werden können. Über eine positive Antwort würden wir uns sehr freuen, denn ohne den Elternbeirat droht unser Vorhaben zu scheitern.

Mit freundlichen Grüßen
Lisa Meier
Vorsitzende der SMV
Sophie-Scholl-Realschule

Anhand der folgenden Checkliste kannst du überprüfen, ob deine Anfrage gelungen ist:

Eine formale Anfrage verfassen

Briefkopf
- Habe ich meinen Vor- und Nachnamen und meine vollständige Adresse genannt?
- Habe ich die vollständige Anschrift des Adressaten aufgeführt?
- Stehen am rechten Rand Ort und Datum?
- Ist im Betreff mein Anliegen knapp und sachlich formuliert?

Einleitung
- Habe ich mich kurz vorgestellt und nenne ich das Anliegen meines Schreibens?

Hauptteil
- Sind die Argumentationen vollständig (Behauptung + Begründung + Beispiel/Beleg) und inhaltlich überzeugend?
- Vertrete ich durchgehend die gleiche Meinung?

Schluss
- Fasse ich noch einmal mein Anliegen zusammen, formuliere ich eine Bitte oder eine Aufforderung, biete ich möglicherweise Lösungsvorschläge an?

Sprachliche Gestaltung
- Verwende ich die Höflichkeitsanrede und habe ich die Anredepronomen großgeschrieben?
- Habe ich auf einen sachlichen Sprachstil geachtet und umgangssprachliche Formulierungen vermieden?
- Habe ich die Sätze abwechslungsreich eingeleitet und sinnvoll verknüpft?

Teile einer Argumentation sinnvoll verknüpfen

Seite 22

1 Beispiellösung: denn – Zunächst – weil/da – Außerdem/Ferner/Des Weiteren/Darüber hinaus – Schließlich/Zuletzt – Der Grund dafür ist – beispielsweise

Seite 23

2 Beispiellösung für den Briefkopf:

Sven Krüger
Alpenstraße 1
XXXXX Kempten

Oskar-Maria-Graf-Realschule Kempten
z. Hd. Herrn Dr. Rink
Maierstraße 7
XXXXX Kempten

Kempten, XX. XX. 20XX

Einrichtung eines Pausenverkaufs mit gesunden Lebensmitteln

3 Beispiellösung für die Einleitung zu der Anfrage:

Sehr geehrter Herr Dr. Rink,

die SMV unserer Schule würde gerne mit Hilfe des Hausmeisters einen Pausenverkauf mit gesunden Lebensmitteln organisieren. Als SMV-Sprecher möchte ich Sie über das Vorhaben informieren und um Erlaubnis bitten, die „Bio-Pause" ausprobieren zu dürfen.

4 a (Begründung, Beispiel):
A Die darin enthaltenen [...]. Wissenschaftliche Studien haben nachgewiesen [...]. – B Denn es werden [...]. 100 Gramm Apfeltasche oder [...]. – C Um sich gut konzentrieren zu können [...]. Diese bietet [...]. – Nicht zu den Argumentationen passen: Der Hausmeister [...]. Ein geeigneter Ort [...]. *(Vgl. auch die Lösung zu Aufgabe 4 b)*

b Beispiellösung für den Hauptteil der Anfrage:

Zunächst ist festzustellen, dass Obst das Immunsystem stärkt, weil die darin enthaltenen Vitamine und Mineralstoffe dafür sorgen, dass wir seltener krank werden. Wissenschaftliche Studien belegen, dass Vitamin C, Vitamin D und Zink das Immunsystem kräftigen und Krankheiten vorbeugen. Außerdem verhindert eine ausgewogene Ernährung Übergewicht. Ein Grund dafür ist, dass damit weniger Kalorien aufgenommen werden als beim Verzehr von hauptsächlich Süßem oder Fettem. Zum Beispiel enthalten 100 Gramm Apfeltasche oder 100 Gramm eines Hamburgers rund 250 Kilokalorien, die gleiche Menge Apfel, Birne oder Mandarine aber nur rund 50 Kilokalorien. Schließlich liefert ein gesundes Pausenbrot die Energie, die wir Schüler für den Unterricht benötigen. Denn um sich gut konzentrieren zu können, braucht das Gehirn Nährstoffe. Diese bietet eine ausgewogene Vollwertkost mit ausreichend Kohlehydraten, während zum Beispiel Zucker sehr schnell verbrennt und nach einem kurzen Energiehoch zu einem raschen Leistungsabfall führt.

5 a Fehler in Svens Schluss:
Nachdem ich ihnen [...] möchte ich sie bitten [...] ihr *(dreimal Höflichkeitsanrede nicht großgeschrieben)* OK *(Umgangssprache)* zu dem Vorhaben zu geben. Selbstverständlich hätte ein solcher neuer Pausenverkauf auch Nachteile: [...]. *(Aufzählung der Nachteile schwächt die Argumentationen ab.)* Aber naja. *(Umgangssprache)* [...] Weitere Infos *(Umgangssprache)* [...]. Bis bald, *(für eine formelle Anfrage ungeeignete Grußformel, dahinter gehört kein Komma)* Sven *(Nachname fehlt)*

b Beispiellösung für den verbesserten Schluss:

Nachdem ich Ihnen nun einige Vorteile der gesunden Pausenverpflegung vorgestellt habe, möchte ich Sie bitten, darüber nachzudenken, Ihr Einverständnis zu dem Vorhaben zu geben. Wir von der SMV würden uns über eine positive Antwort freuen. Weitere Informationen können wir Ihnen gerne bei unserer nächsten SMV-Sitzung geben.

Mit freundlichen Grüßen
Sven Krüger

Appellieren und überzeugen

Seite 24

1 a A langweilig, Anliegen wird gleich deutlich, zu lang – B spricht Jugendliche an, macht neugierig – C abgewandelte Redewendung fällt auf

●●● b Beispiele für weitere Slogans:
Mitmachen, mitreden, Position beziehen – Zeit für frischen Wind!

2 Als einleitende Information über das Anliegen geeignet: C, D.

3 a Geeignet, um Leser für die Mitarbeit zu gewinnen: B, C, E, F, G. – Ungeeignet, da negativ: A, D, H.

b Beispiel für eine sinnvolle Reihenfolge (z. B. in einer Spiegelstrichliste): G, E, C, B, F.

Seite 25

4 Gut geeignet: A, da klar, gut lesbar, schnell zu erfassen – Ungeeignet: B und C, weil schwer zu lesen, zu verschnörkelt, C außerdem: verwirrende Verwendung von Groß- und Kleinbuchstaben

5 Am besten geeignet ist B: guter Farbkontrast, leicht lesbar, ansprechende Farben. – A: zu wenig Kontrast, zu blasse Schriftfarbe, fast nicht lesbar; C: zu dunkler Hintergrund, ungeeignete Schriftfarbe, schlecht lesbar

6 Beispiel für eine Skizze:

Überschrift/Slogan — Foto/Illustration

einleitende Information/Anliegen
(z. B.: Wir suchen ...)
– Spiegelstrichliste
– Spiegelstrichliste
– Spiegelstrichliste
– ...

abschließende Hinweise
(z. B. Treffpunkt, Zeit) — Logo

Ein Protokoll sachlich und genau formulieren

Den Kopf eines Protokolls gestalten

Seite 26

1 Beispiellösung:

Protokoll der Klassenleiterstunde
am 14. 06. 20XX Beginn: 11:30 Uhr Ende: 13:00 Uhr
Ort: Raum NE07
Thema: **Beitrag der Klasse zum Schulfest**
Veranstaltungsleitung: Frau Berger
Anwesend: Frau Berger, Schülerinnen und Schüler der Klasse 8d
Abwesend: Miriam Fuchs, Gregor Witt
Protokollführung: Luana Bora

Tagesordnung:
TOP 1: ...
TOP 2: ...
...
TOP 1: ...
...

Landshut, 14. 06. 20XX
Luana Bora

Inhalte mitschreiben

Seite 27

2 a u. a.: unter anderem – vgl.: vergleiche – d. h.: das heißt – ! wichtig – ⟷ im Gegensatz zu
b s. u.: siehe unten – ? noch unklar/muss geklärt werden – = ist gleich, bedeutet – usw.: und so weiter – z. B.: zum Beispiel

3 Abkürzungen und Symbole in Frau Bergers Mitschrift:
h: Uhr (zu engl. „hour") – b.: bis – gemeins.: gemeinsamer – u.: und – ca.: circa, etwa – !!! sehr wichtig – ? noch unklar/steht noch nicht fest – → daraus folgt/deshalb beachten – TO DO: noch zu erledigen (zu engl. „to do": zu machen) – 1: *(Zahlen beim Mitschreiben nicht ausschreiben!)* – €: Euro – f.: für – Sonst.: Sonstiges – s. o.: siehe oben – Kl.: Klasse – ☹ schade, bedauerlich – → *(hier:)* für einen – ??? unbedingt noch klären – Hr.: Herr – bzw.: beziehungsweise – Fr.: Frau

Tagesordnungspunkte formulieren und das Protokoll ausarbeiten

Seite 28

4 Beispiellösung:
A Entscheidung für einen Getränkestand – B Diskussion über den Standort der Saftbar –
C Besprechung der Getränkeauswahl – D Zuteilung der Aufgaben

5 A TOP 4: Beschluss über die Art der Dekoration – B durchstreichen: find' ich auch, ☺, LOL; TOP 5: Erweiterung des Angebots durch nicht alkoholische Mixgetränke – C markieren: Teresa, Standmixer, Bananenshakes, Toni, zweites Mixgetränk, nächste KL-Stunde; durchstreichen: Teresa fragt nach einem Taschentuch; TOP 6: Aufgabenverteilung bei den Mixgetränken

Seite 29

6 a begrüßt – gibt ... bekannt – erläutert – Danach – einigt sich – schlägt vor – Da
b TOP 1: Begrüßung und Bekanntgabe des Themas – TOP 2: Ideensammlung und Entscheidung für eine Saftbar – TOP 3: Beschluss über den Standort für die Saftbar

7 Beispiellösung:

TOP 4: Beschluss über die Art der Dekoration
Nachdem Daniele angeregt hat, den Getränkestand im Hawaiistil zu dekorieren, ruft Frau Berger zum Sammeln konkreter Dekorationsvorschläge auf. Allgemeine Zustimmung findet schließlich Emirs Idee, frisches Obst, weiße Laken und Blumenketten zu verwenden. Dieser Vorschlag wird angenommen.

TOP 5: Erweiterung des Angebots durch nicht alkoholische Mixgetränke
Teresa meint, nur Säfte anzubieten, sei langweilig und bringe zu wenig Kunden an den Stand. Deshalb schlägt sie vor, Cocktails ohne Alkohol zu verkaufen. Frau Berger gibt zu bedenken, dass aus organisatorischen Gründen höchstens zwei verschiedene Mixgetränke hergestellt werden könnten. Daraufhin spricht sich die Klasse einstimmig für ein um zwei Mixgetränke erweitertes Angebot aus.

TOP 6: Aufgabenverteilung bei den Mixgetränken
Frau Berger legt schließlich fest, dass Teresa und Toni für die Mixgetränke zuständig sind. Teresa will einen Mixer für Bananenshakes mitbringen. Um welches zweite Mixgetränk sich Toni kümmern soll, klären die Schüler/-innen bis zur nächsten Klassenleiterstunde.

Das Protokoll sprachlich angemessen formulieren

Seite 30

8 Beispiellösung: A Die Klasse legt als Standort für den Getränkeverkauf den Durchgang zum Pausenhof fest. – B Der Vorschlag, zusätzlich noch frisches Obst anzubieten, wird ohne Gegenstimmen angenommen. – C Frau Berger stellt die Frage, wie wir unnötigen Müll vermeiden wollen / ... die Frage nach der Vermeidung unnötigen Mülls.

9 Beispiellösungen: A Teresa erklärt, einen Standmixer zu Hause zu haben, der sich hervorragend/sehr gut zum Herstellen von Bananenshakes eigne. – B Nico bemerkt, der Verkauf müsse in unmittelbarer Nähe einer Steckdose stattfinden, um die Elektrogeräte anschließen zu können. – C Laut/Gemäß Ankündigung der Klassenleiterin erhält jeder, der Obst oder Getränke ausgibt, aus hygienischen Gründen Einweghandschuhe, damit sich die anderen Schüler nicht womöglich ekeln. – D Daniele fordert, dass wir dieses Mal die Aufräumarbeiten gerechter verteilen müssen/müssten als beim letzten Schulfest.

Seite 31

10 ●●● indirekte Rede: Teresa erklärt, sie habe einen Standmixer zu Hause, der sich hervorragend/sehr gut zum Herstellen von Bananenshakes eigne. – dass-Satz: Teresa erklärt, dass sie einen Standmixer zu Hause hat/habe, der sich hervorragend/sehr gut zum Herstellen von Bananenshakes eignet/eigne. *(Beachte: Ein dass-Satz kann im Indikativ oder im Konjunktiv stehen!)* – Redebericht: Teresas Erklärung zufolge eignet sich der Standmixer, den sie zu Hause hat, hervorragend/sehr gut zum Herstellen von Bananenshakes. – Infinitivsatz: (s. o., Hinweis zu Aufgabe 9)

11 angesprochen – schlagen vor – erstellen – alle Schülerinnen und Schüler – unterschiedliche – gibt zu bedenken – notwendigen Tätigkeiten – einigt sich – ~~zum Glück~~ – den individuellen Fähigkeiten entsprechend

12 ~~Zulezt~~ → Zuletzt – Anja, *(Komma in der Aufzählung fehlte)* Justin und Emre – ~~Endsorgung~~ → Entsorgung – ~~sie~~ → Sie – ~~erinert~~ → erinnert – ~~auserdem~~ → außerdem – ~~das~~ → dass (Gregor den Hausmeister ... bitten sollte) – Edwin, der Klassensprecher, *(2 Kommas, vor und nach der Apposition, fehlten)* – ~~bitet~~ → bietet – ~~schliesslich~~ → schließlich noch an(,) Fotos (...) zu machen *(Komma vor diesem Infinitivsatz möglich, aber nicht zwingend erforderlich)* – ~~nemen~~ → nehmen – ~~Zu Schluß~~ → Zum Schluss – ~~engaschierte~~ → engagierte – Gestaltung ~~dem~~ → des Schulfestes – ~~entlesst~~ → entlässt – ~~Unterichtsschluß~~ → Unterrichtsschluss

Eine Kurzgeschichte in einem TGA beschreiben

Seite 33

1 a Figuren: Leute in einer Straßenbahn, ein Mann mit Aktentasche (alle ohne Namen)
b Ort: Straßenbahn-Endstelle (Z. 1) – Zeit: Es begann bereits zu dämmern (Z. 7), In ein paar Tagen war Weihnachten (Z. 14 f.)

2 Beispiellösung:
Der Mann läuft torkelnd zur Straßenbahnhaltestelle, weil er wegen seiner Beinprothesen und des schneeglatten Wegs nicht das Gleichgewicht halten kann.

3 a Von links nach rechts: Gelächter – Spott steigert sich – Betroffenheit
b Anhand der Gefühlskurve wird deutlich, dass sich die Fahrgäste in der Straßenbahn zu Beginn der Geschichte über den torkelnden Mann lustig machen: Sein mehrmaliges Fallen verursacht Gelächter; dass er nur mühsam aufstehen kann, steigert den Spott. Als der Mann jedoch am Ende der Erzählung seine Beinprothesen zeigt, erscheinen die Beobachter des Geschehens sehr betroffen.

4 a Beispiellösung für den Beginn der Einleitung:

Die Kurzgeschichte „Ein beinah lustiges Geschichtchen“ von Dieter Mucke ist 1980 *(Jahr fehlte)* in dem Buch „Vom Geschmack der Wörter“ im Buchverlag Der Morgen in Berlin erschienen und spielt im Winter an einer Straßenbahnhaltestelle.

Seite 34

4 b Beispiellösung für die Kernaussage (Teil der Einleitung):

B Die Geschichte handelt von einem Mann, der taumelnd die Straßenbahn zu erreichen versucht und dabei von gedankenlosen Fahrgästen ausgelacht wird. Am Ende müssen die Fahrgäste jedoch betroffen feststellen, dass der Mann beinamputiert ist und Prothesen trägt, deshalb nicht gut laufen kann und mehrmals stürzt.

5 a + b Die Handlungsschritte in der richtigen Reihenfolge (in Klammern stehen Wörter, die man statt „Mann“ und „Leute“ verwenden könnte): 1 Leute (Fahrgäste) warten auf Abfahrt der Straßenbahn – 2 Ein Mann kommt auf die Straßenbahn zugetorkelt – 3 Leute (Menschen in der Straßenbahn) halten ihn für betrunken (wissen nicht, dass er behindert ist) – 4 Mann (Herr) stürzt ungeschickt – 5 Leute (Fahrgäste) lachen, werden neugierig – 6 Mann fällt noch zwei Mal – 7 Leute amüsieren sich zunehmend – 8 Mann (Mann im Schnee) zeigt Beinprothesen – 9 Lachen erstirbt, Bahn fährt ab, Leute (Fahrgäste) merken zu spät, dass der Mann (die gestürzte Person/der Invalide) ihre Hilfe benötigt hätte
b Beispiellösung:
Mann: der Herr, der Mann mit der Aktentasche, der Gestürzte, die gestürzte Person, der Mann im Schnee, der Invalide, er, dieser – Leute: die Fahrgäste, die Menschen in der Straßenbahn, sie
c Beispiellösung für die Inhaltszusammenfassung:

Während an einem Spätnachmittag kurz vor Weihnachten die Fahrgäste in einer Straßenbahn auf die Abfahrt warten, beobachten sie, wie sich ein Mann auf dem glatten Radweg torkelnd der Haltestelle nähert. Die Menschen in der Bahn meinen, er sei betrunken. Als er ungeschickt stürzt, lachen sie und werden neugierig. Weil der Herr noch zweimal hinfällt, steigert sich die Heiterkeit im Waggon. Da zeigt der Gestürzte, dass er Beinprothesen trägt. Daraufhin erstirbt das Lachen. Zu spät erkennen die Fahrgäste, dass der Invalide ihre Hilfe gebraucht hätte, denn die Straßenbahn fährt bereits ab.

Seite 35

6 a Richtig sind B und F.
b A unmittelbarer Beginn – B leicht verständliche, einfache Sprache – C offener Schluss

7 Beispiellösung für die Textsortenbestimmung:

Bei dem Text „Ein beinah lustiges Geschichtchen“ handelt es sich um eine typische Kurzgeschichte, denn der Leser wird zu Beginn unvermittelt in das Geschehen eingeführt. Ort und Zeit sind nur ungenau angegeben: Die Geschichte spielt an einer Straßenbahn-Endstelle (vgl. Z. 1), „Es begann bereits zu dämmern“ (Z. 7), „In ein paar Tagen war Weihnachten“ (Z. 14 f.). Diese Erzählung könnte also in jeder größeren Stadt spielen. Kennzeichnend für die Kurzgeschichte ist auch, dass Alltagsmenschen dargestellt werden, nämlich Straßenbahnfahrgäste und ein körperlich beeinträchtigter Mann. Namen fehlen völlig. Die einsträngige Geschichte erzählt zielstrebig von einer alltäglichen Situation: Während sie auf die Abfahrt warten, beobachten die Menschen in der Bahn einen Mann, den sie für betrunken halten. Nach einer unerwarteten Wende, bei der die Leute in der Straßenbahn ihren Irrtum bemerken, bleibt der Schluss offen. Man erfährt nicht, wie es mit dem behinderten Mann, der im Schnee sitzt, weitergeht und ob ihm jemand hilft.

Seite 36

8 ausdrucksstarke/anschauliche – (Z. 2) – „schneeverwehten Schienen“ (Z. 5) – Treffende – „mehr getorkelt“ (Z. 20 f.), „balancierte“ (Z. 23), „rutschte [...] aus“ (Z. 28 f.), „drehte [...] sich“ (Z. 30), „stauchte hart auf“ (Z. 48) – gehbehinderten Mannes – grinsen (vgl. Z. 31 f.), lachen (vgl. Z. 32 f.), amüsieren sich (vgl. Z. 44), genießen (vgl. Z. 45), wiehern (vgl. Z. 54)

9 a + b + c A Z. 53–57: lange Satzreihe → Wirkung: liefert aneinandergereihte Informationen und treibt die Handlung voran – B Z. 59: knapper Aussagesatz → Wirkung: hebt die Aussage besonders hervor

Seite 37

10 a A Metapher: „Das Gelächter gefror auf der Stelle." (Z. 59) → Das Entsetzen der Fahrgäste wird durch den bildlichen Ausdruck (zugleich eine Alliteration) besonders deutlich. – B Aufzählung: „In der schlecht geheizten Straßenbahn saßen die Leute mit hochgeschlagenem Mantelkragen, einen Arm durch die Henkel eines Netzes oder Einkaufsbeutels gefädelt, die Hände in die Taschen vergraben, und warteten auf die Abfahrt." (Z. 10–14) → Die Atmosphäre in der Straßenbahn wird anschaulich dargestellt. – C Vergleich: „Vor Verwirrung tappte er mit den Händen wie ein Blinder nach der Tasche." (Z. 49 f.) → Der Leser kann sich bildlich vorstellen, wie hilflos der Mann seine Tasche sucht.

●●● b „wie im Kino" (Z. 44), „wie einen Filmgag" (Z. 45)

11 a Beispiel für die Korrektur von Leons Beschreibung der sprachlichen Mittel:

Zur Kurzgeschichte passt auch die ~~komplizierte poetische~~ einfache, leicht verständliche Sprache. Zudem fallen viele ausdrucksstarke Adjektive und Partizipien auf. Anfangs machen sie auf das ~~schöne~~ schlechte Winterwetter aufmerksam, z. B. „beißender, ~~schneestaubsatter~~ schneestaubgesättigter Wind" (Z. 2). ~~Sachliche~~ Treffende Verben wie „~~amüsierte sich~~" *(das charakterisiert nicht den behinderten Mann, sondern die Fahrgäste!)* „rutschte [...] aus" (Z. 28 f.) *(Zeilenangabe fehlte!)* oder „stauchte hart auf" (Z. 48) *(Anführungszeichen fehlten)* verdeutlichen die erfolglosen Bemühungen des behinderten Mannes. Auch das Verhalten der Fahrgäste wird mit anschaulichen Verben (bzw. Nominalisierungen und Partizipien) verdeutlicht, z. B. „Das Grinsen [...] platzte zu einem Lachen." (Z. 31–33) *(Zeilenangabe fehlte).* In Zeile 54 f. *(Zeilenangabe war falsch)* ist die Rede von „den wiehernden Zuschauern".

b Beispiellösung für eine Fortsetzung der Beschreibung der sprachlichen Mittel:

Durch einen sehr knappen Aussagesatz wird die Wende in der Geschichte besonders betont: „Das Gelächter gefror auf der Stelle" (Z. 59). In diesem Satz fallen außerdem die Stilmittel der Metapher und der Alliteration auf, die das Erschrecken der Fahrgäste zusätzlich hervorheben. Eine Alliteration findet sich auch an anderer Stelle: Der Mann trägt eine „abgewetzte und ausgebeulte Aktentasche" (Z. 21 f.). Besonders auffällig sind die Vergleiche in der Geschichte, denn sie verdeutlichen, wie gegensätzlich die Figuren die Situation empfinden: Der gestürzte Mann tappt „wie ein Blinder" (Z. 50), die Fahrgäste amüsieren sich „wie im Kino" (Z. 44) und betrachten die Szene „wie einen Filmgag" (Z. 45).

Seite 38

12 Andere Wörter für Kurzgeschichte: *(waagrecht)* Text, *(senkrecht)* Geschichte, Erzählung – andere Wörter für Autor: *(waagrecht)* Verfasser, Schriftsteller, Dichter – unpassende Begriffe: *(waagrecht)* Protagonist (= Hauptfigur), *(senkrecht)* Reportage (= journalistische Textsorte, vgl. S. 56 im Arbeitsheft)

13 a Ideen für einen inneren Monolog des behinderten Mannes (Beispiele): Auf dem Weg zur Straßenbahn: Ist das kalt heute! Dunkel wird es auch schon. Wenn der Weg nur nicht so glatt wäre! Der Rücken tut mir auch noch weh. Oje, ich komme ins Rutschen! Hoffentlich erreiche ich die Straßenbahn noch. – Abschließende Gedanken: Warum lachen die Leute nur immer über mich? Wenn die Menschen doch mehr Verständnis für uns Behinderte hätten!

Seite 39

13 b Beispiellösung für einen inneren Monolog aus der Sicht des behinderten Mannes (weiterführende Aufgabe):

Die weiterführende Aufgabe zeigt die Gedanken des behinderten Mannes in einem inneren Monolog:
Oh Gott, ist das heute wieder eine klirrende Kälte und dunkel wird es auch schon! Ich muss unbedingt noch die nächste Straßenbahn erreichen. Oh nein! Sie steht ja schon bereit zur Abfahrt und ich muss noch ein ganzes Stück zurücklegen ... Ich muss unbedingt schneller laufen! Aber es geht nicht! Meine Beine!!! ... Himmel, ist der Weg glatt! Oje, ich komme ins Rutschen. So, jetzt liege ich da. Wie soll ich nur hochkommen? Warum hilft mir denn keiner? Ob ich mich an der Laterne hochziehen kann? Na, ging doch! Oh wie dumm, die Tasche ... Wo ist sie denn? Dieser blöde Hut! Ja haben die in der Straßenbahn denn einen Vogel? Lachen, grölen, was das Zeug hält – und ich sitze mit meinen Prothesen im eisigen Schneematsch! ... So, jetzt hattet ihr euren Spaß. Hier seht ihr, wieso ich nicht schnell genug laufen konnte und gestürzt bin! ... Ich will jetzt nur noch nach Hause und meine Ruhe haben. Wünschte mir wirklich, dass meine Mitmenschen mehr Verständnis zeigten.

●●● c Beispiellösung für einen inneren Monolog eines Fahrgastes (weiterführende Aufgabe):

Die weiterführende Aufgabe soll die Gedanken eines Fahrgastes der Straßenbahn in einem inneren Monolog darstellen: Huch, wie läuft denn der? Hat der getrunken? Dass der sich nicht schämt! Er kann ja nicht mal mehr das Gleichgewicht halten ... Schaut aus wie eine Witzfigur! Hihi! Nun liegt er sogar am Boden ... Das wird ja immer lustiger! Und nun windet er sich am Laternenpfahl hoch! Der verhält sich wirklich wie ein Clown. Ich fühl' mich ja hier wie im Kino ... Jetzt ist der Betrunkene total verrückt geworden! Er zeigt den Fahrgästen sogar einen Vogel! Oh nein, der Mensch trägt Beinprothesen! Wie schrecklich ... Fühl mich jetzt richtig schlecht ... Wie konnte ich nur so denken! Ich will in Zukunft keine voreiligen Schlüsse mehr ziehen.

14 Beispiellösung für einen Tagebucheintrag aus der Sicht eines Fahrgastes:

In der weiterführenden Aufgabe hält ein Fahrgast der Straßenbahn sein Erlebnis im Tagebuch fest:
Heute hatte ich ein beschämendes Erlebnis: Gelangweilt saß ich gegen Abend an der Endhaltestelle in der Straßenbahn und wartete auf die Weiterfahrt. Da sah ich draußen auf dem schneeglatten Weg einen Mann schwankend und stolpernd auf die Bahn zutorkeln. Himmel, ist der betrunken!, dachte ich. Seine schäbige Aktentasche schien zu bestätigen, dass es mit ihm nicht weit her sein könne. Offensichtlich dachten die anderen Fahrgäste ähnlich wie ich: Als der Mann ins Rutschen geriet und heftig aufs Eis stürzte, brach allgemeine Heiterkeit aus. Immer lustiger wurde die Stimmung in der Bahn, je mehr sich der arme Kerl draußen abmühte, wieder auf die Füße zu kommen. Dann, plötzlich, schlug die Stimmung um, mir wurde vor Scham siedend heiß: Der Mann zog seine Hosenbeine hoch und zeigte uns, dass er an beiden Beinen Prothesen trug. Mit einem Schlag war alle Lustigkeit verflogen. Peinlich berührt saßen alle im Waggon und jeder versuchte, den Blicken der anderen auszuweichen. Ich hätte im Boden versinken mögen: Ich hatte mich über einen Menschen lustig gemacht, der meine Hilfe benötigte. Nie wieder will ich so voreilige Schlüsse ziehen!

15 Beispiellösung für einen Schlussgedanken:

Die Kurzgeschichte zeigt, dass man Menschen nicht nach dem ersten Eindruck beurteilen sollte. Deutlich wird dies auch durch die Überschrift „Ein beinah lustiges Geschichtchen". Es könnte ein „lustiges Geschichtchen" sein, wenn der torkelnde Mann nicht behindert und hilfsbedürftig wäre, sondern wirklich zu viel getrunken hätte.

16 a A = F (Meinung zu den Figuren) – B = W (Meinung zur Wirkung) – C = T (Meinung zum Text/Thema)
b Beispiellösung für einen abschließenden Kommentar:

Die Kurzgeschichte hat mich zum Nachdenken gebracht und mir gezeigt, dass ich mich nicht vorschnell über einen anderen Menschen lustig machen sollte.

Die Ergebnisse zu den Aufgaben 4 a + b, 5 c, 7, 11 a + b, 13 b oder 13 c oder 14, 15 und 16 b (hier grau unterlegt) ergeben einen vollständigen textgebundenen Aufsatz mit einer weiterführenden Aufgabe zu der Kurzgeschichte „Ein beinah lustiges Geschichtchen". Damit kannst du deinen Aufsatz vergleichen.

Anhand der folgenden Checkliste kannst du überprüfen, ob deine Beschreibung der Kurzgeschichte gelungen ist:

Kurze literarische Texte in einem TGA beschreiben

Einleitung
- Habe ich den Titel, die Autorin/den Autor, die Textsorte und die Quelle angegeben?
- Ist die Kernaussage des Textes in maximal zwei Sätzen zusammengefasst?

Hauptteil
- Habe ich in der Inhaltszusammenfassung alle wichtigen Handlungsschritte genannt und Details weggelassen?
- Habe ich die richtige Zeitform (Präsens, bei Vorzeitigkeit: Perfekt) verwendet?
- Habe ich die Geschichte mit eigenen Worten wiedergegeben?
- Ist der Satzbau abwechslungsreich und der Stil sachlich?
- Habe ich die Merkmale des vorliegenden Textes einer Textsorte (hier Kurzgeschichte) zugeordnet und mit passenden Textbeispielen belegt?
- Bin ich bei der Beschreibung sprachlicher Besonderheiten auf Wortwahl, Satzbau und Stilmittel eingegangen und habe deren Wirkung erläutert?
- Habe ich meine Aussagen mit passenden Zitaten und Zeilenangaben belegt und dabei alle Satzzeichen richtig gesetzt?
- Ist die weiterführende Aufgabe in der korrekten Form verfasst?

Schluss
- Habe ich zur Wirkung des Textes, zum Thema oder zum Verhalten der Figuren Stellung genommen?

Auszüge aus Jugendromanen untersuchen

Michael Gerard Bauer: Was hält die Zukunft bereit? (aus: Ismael – Bereit sein ist alles)

Seite 42

1 Richtig ist C.

2 Durchzustreichen sind: sein/ihr ausführlicher Lebenslauf – alle Werke, die der Autor schrieb – eigene Meinung.

3 Beispiellösung für die Einleitung:

> Bei dem Text „Was hält die Zukunft bereit?" handelt sich um einen Ausschnitt aus dem 2012 erschienenen Jugendroman „Ismael – Bereit sein ist alles" von Michael Gerard Bauer. In diesem Auszug aus dem dritten Band über die Romanfigur Ismael wird auf humorvolle Weise geschildert, wie eine Lehrerin zwei unentschlossene Schüler der Abschlussklasse auf passende Studiengänge hinweist und wie die beiden mit ihren Freunden über die Empfehlungen diskutieren.

4 a Die ersten fünf Handlungsschritte in der richtigen Reihenfolge: 1 Miss Tarango erinnert Ismael und Orazio an den Studientag an der Universität. (Z. 1–13) – 2 Sie befragt Orazio nach seinen Zukunftsplänen. (Z. 14–25) – 3 Sie empfiehlt Orazio einen Beruf, der mit Sport zu tun hat, und nimmt ihm das Versprechen ab, sich nach Sportlehrer-Kursen zu erkundigen. (Z. 26–59) – 4 Ismael antwortet Miss Tarango auf die Frage nach seinen Berufswünschen nur sehr vage. (Z. 60–69) – 5 Ismael interpretiert die Anspielung auf den Beruf seines Namensvetters falsch. (Z. 70–105)

Seite 43

4 b Die weiteren Handlungsschritte: 6 Miss Tarango schlägt Ismael Kurse in kreativem Schreiben vor. (Z. 106–116) – 7 Die Freunde erfahren vom Vorschlag der Lehrerin für Orazio und stimmen ihr zu. (Z. 118–151) – 8 Ignatius meint, Orazio würde ein besonders guter Sportlehrer werden. (Z. 152–171)

5 Beispiellösung für die Inhaltszusammenfassung:

> Der Ich-Erzähler Ismael stellt zunächst dar, wie die hübsche und bei den Schülern beliebte Lehrerin Miss Tarango ihn und Orazio nach ihren Studienwünschen befragt und die beiden an den Studientag an der Universität erinnert. Sie bringt Orazio, der eigentlich gar nicht studieren wollte, auf die Idee, Sportlehrer zu werden, und nimmt ihm das Versprechen ab, sich Kurse in Sport anzusehen. Auch Ismael ist über sein Berufsziel unsicher. Die Anspielung auf den Beruf seines Namensvetters interpretiert er falsch und meint, er solle Seemann auf einem Walfänger werden. Da er sehr gut in Englisch ist und schöne Texte schreibt, schlägt die Lehrerin jedoch vor, dass er Kurse für kreatives Schreiben besuchen solle. Als Orazio und Ismael später ihre Freunde treffen, erzählt Orazio ihnen vom Rat der Lehrerin und erntet Zustimmung. Er möchte aber ausdrücklich von Ignatius, der immer ehrlich ist, wissen, was er von Miss Tarangos Vorschlag hält. Dieser erklärt, ohne Orazios Unterstützung hätte er sich nie getraut, Volleyball zu spielen. Orazio würde bestimmt ein besonders guter Sportlehrer werden.

6 In einer Ich-Erzählung ist der Erzähler selbst in das Geschehen verwickelt und schildert die Ereignisse aus seiner persönlichen Sicht. Der Erzähler der Geschichte ist aber nicht der Autor, sondern eine Figur, die dieser erfunden hat.

Seite 44

7 a Verwendete sprachliche Mittel: A Z. 16–18: Übertreibung – B Z. 31: Umgangs-/Jugendsprache – C Z. 54–57: Wiederholung – D Z. 90 f.: Vergleich – E Z. 108: Redewendung – F Z. 138: Ellipse (unvollständiger Satz)

●●● b Weitere Beispiele: A Übertreibungen: „eines der großen ungeklärten Mysterien des Universums" (Z. 36 f.), „eine ganze Wagenladung voll strategisch richtig platzierten Sprengstoffs" (Z. 43 f.), „in den Äther bohrte" (Z. 153 f.) – B Umgangs-/Jugendsprache: „Boah!" (Z. 11), „Hmmmmm" (Z. 65), „und so" (Z. 81), „He" (Z. 82), „klasse Typ" (Z. 85), „ein bisschen blöd" (Z. 122), „machst einen Superjob" (Z. 127), „Echt?" (Z. 131), „was Saukomisches" (Z. 135), „Mann" (Z. 142), „total baff" (Z. 164) – E Redewendungen: „Potenzial vergeude(n)" (Z. 31 f.), „eine ganze Wagenladung voll" (Z. 43), „Du kämpfst mit harten Bandagen" (Z. 142), „zum Schweigen gebracht" (Z. 152 f.) – F Ellipsen: „Was für ein Schock!" (Z. 12), „Weiß nicht genau, Miss Tarango." (Z. 16), „Ich, Miss?" (Z. 26), „Über Walfang, meine ich." (Z. 83 f.), „Ich und Lehrer?" (Z. 123), „Echt?" (Z. 131), „Was? Ehrlich? Ihr auch?" (Z. 139)

8 Beispiellösung für die Wirkung der verwendeten sprachlichen Mittel: A 4, 5 (Übertreibungen wirken witzig, sind besonders anschaulich.) – B 6 (Umgangs-/Jugendsprache zeigt das Lebensgefühl von Jugendlichen.) – C 8 (Wiederholung betont eine Aussage.) – D 5 (Der Vergleich ist besonders anschaulich.) – E 4, 5 (Redewendungen wirken hier witzig und anschaulich.) – F 10 (Ellipsen lassen die Sprecher sehr gefühlsbetont erscheinen.) – Zu A, B, D und E passt außerdem 7: Alle diese sprachlichen Mittel wollen unterhalten.

9 Durch die vielen Dialoge gelingt dem Autor ein witziger und unterhaltsamer Roman, der zugleich spannend ist und die Lebenswirklichkeit von Jugendlichen trifft.

10 Beispiellösung für einen Abschnitt zur Sprache des Textes (Hinweis: in der 8. Jahrgangsstufe muss deine Sprachanalyse noch nicht so umfangreich sein wie diese Beispiellösung):

> Mit verschiedenen sprachlichen Mitteln stellt der Autor in diesem Romanausschnitt das Leben von Jugendlichen, ihre Probleme bei der Berufswahl und ihre Freundschaft, lebendig, wirklichkeitsnah und witzig dar. Der Text besteht weitgehend aus Dialogen, die durch Ausrufe (z. B.: „Boah!", Z. 11, „He" Z. 82), Fragen (z. B.: „Was? Ehrlich? Ihr auch?", Z. 139) und unvollständige Sätze (Ellipsen), etwa „Ich und Lehrer?" (Z. 123), „Hervorragende Idee." (Z. 138), abwechslungsreich und gefühlsbetont erscheinen. Damit dem Leser stets klar ist, dass ein etwa 17-jähriger Jugendlicher der Ich-Erzähler ist, verwenden er und seine Freunde viele Ausdrücke aus der Umgangs- und der Jugendsprache, zum Beispiel „belabert" (Z. 31), „klasse Typ" (Z. 85) oder „ein bisschen blöd" (Z. 122). Typisch für Jugendliche und zugleich sehr witzig und anschaulich sind die auffälligen Übertreibungen, etwa wenn Razz seinen Berufswunsch erklärt: „Ich schwanke zwischen Schönheitschirurg für Stars und Playboy-Millionär" (Z. 16–18) oder wenn Ismael die Tatsache, dass Razz eine Freundin hat, als „eines der großen ungeklärten Mysterien des Universums" (Z. 36 f.) bezeichnet. Vergleiche („wie eine Kobra", Z. 90 f.) und Redewendungen („Du kämpfst mit harten Bandagen", Z. 142) machen den Text zusätzlich anschaulich und lebendig. Es wird klar: Der Autor will seine Leser (auch) unterhalten. Die Wiederholung in Z. 54 f. („versprich mir [...]. Versprich mir [...]") betont, wie wichtig Miss Tarango das Versprechen ist.

11 a Der vorgegebene Schluss wiederholt den Inhalt des Textes und stellt keine eigene Meinung vor.
b Beispiellösung für einen geeigneten Schluss (d. h. mit einer Stellungnahme/einem Kommentar):

> Der Romanausschnitt soll meiner Meinung nach das Lebensgefühl von Jugendlichen zeigen, die sich kurz vor der Studien- und Berufswahl befinden. Der Roman ist bestimmt sehr unterhaltsam, das zeigt schon der kurze Text. In die Situation kann ich mich gut hineinversetzten, da ich im Moment auch noch keine Ahnung habe, was ich einmal werden will.

Die Ergebnisse zu den Aufgaben 3, 5, 10 und 11 b (hier grau unterlegt) ergeben einen textgebundenen Aufsatz, der im Hauptteil eine Inhaltszusammenfassung und eine Beschreibung der sprachlichen Mittel (und keine Textsortenbestimmung!) enthält. Damit kannst du deinen Aufsatz vergleichen.

Anhand der Checkliste auf S. 14 in diesem Lösungsheft kannst du überprüfen, ob deine Beschreibung des Auszugs aus dem Jugendroman „Ismael – Bereit sein ist alles" gelungen ist. Die Punkte zur Textsortenbestimmung und zur weiterführenden Aufgabe entfallen für diesen Aufsatz zu dem Text von Michael Gerard Bauer.

Gabi Kreslehner: Begegnung auf der Brücke (aus: Charlottes Traum)

Seite 46

1 Weitere Schlüsselwörter (Beispiele):
Dein Süßer macht keine bösen Dinge – dass es durchaus Dinge gab, die ihn kratzten – ich geh nicht besonders gerne nach Hause – Die wollen mich loswerden – dreh halt nix – die verlorene Generation – schwang er sich auf das Brückengeländer – Riesenwut – haute ab – nächsten Morgen – hab mir das durch den Kopf gehen lassen – mit dem ordentlichen Leben – stehen beide auf dich, sagte Hanna – könnt nicht ihr beide, der Sulzer und du – Almosen

Seite 46/47

2 b inhaltliche Fehler = einfach unterstrichen, wörtliche Rede (gehört nicht in eine Inhaltszusammenfassung!) = mit Punktlinie unterstrichen, Wiederholungen = doppelt unterstrichen, V = fehlende Angaben zur zeitlichen Abfolge, ↔ fehlende Verknüpfungen
Die Ich-Erzählerin Charlotte schildert V ein unverhofftes Zusammentreffen mit ihrem Klassenkameraden Sulzer V auf einer Brücke. Uniformierte haben Sulzer V aus dem Klassenzimmer geholt. ↔ Sie möchte wissen: „Was ist passiert?" Sulzer erklärt es V. ↔ Er und einige Kumpels haben Mülltonnen angezündet. Charlotte fragt: „War Carlo auch dabei?" ↔ Sulzer verneint mit einer gehässigen Bemerkung über Carlo und Charlotte. V Sulzer bekommt einen traurigen Blick. ↔ Sulzer erzählt. ↔ Er geht nicht gern nach Hause. ↔ Es gibt immer Ärger mit den Eltern. ↔ Die Eltern wollen ihn in ein Heim schicken. Charlotte gibt ihm den Rat, Dummheiten zu machen. ↔ Er redet etwas von der „verlorenen Generation". Sulzer springt plötzlich auf das Brückengeländer. ↔ Er balanciert auf dem Geländer. ↔ Charlotte erschrickt sehr. ↔ Sie fährt wütend weg. ↔ Sulzer ruft ihr nach, er wolle mit dem Zirkus in die Welt hinaus. V Er will sich das mit dem ordentlichen Leben noch einmal überlegen. Charlotte hat alles Hanna erzählt. ↔ Hanna meint traurig: „Carlo und Sulzer sind beide in dich verliebt." Charlotte fragt Hanna, ob sie sich nicht mit Sulzer zusammentun wolle. ↔ Sie erhält eine Abfuhr. (Grundsätzlich: eintöniger Satzbau, alle Sätze beginnen mit dem Subjekt; die Sätze sind nicht verknüpft, Zusammenhänge und die zeitliche Abfolge werden nicht klar; Namen werden zu oft wiederholt.)

c Beispiellösung für eine Überarbeitung der Inhaltszusammenfassung:

Die Ich-Erzählerin Charlotte schildert zunächst ein unverhofftes Zusammentreffen mit ihrem Klassenkameraden Sulzer am Abend auf einer Brücke. Da ihn Polizisten morgens aus dem Klassenzimmer geholt haben, möchte sie wissen, was passiert ist. Sulzer erklärt daraufhin, dass er und einige Kumpels Mülltonnen angezündet haben. Als Charlotte fragt, ob Carlo auch dabei war, verneint Sulzer das mit einer gehässigen Bemerkung über Carlo und Charlotte. Dann bekommt er einen traurigen Blick und erzählt, dass er nicht gern nach Hause geht, weil es immer Ärger gibt mit den Eltern, die ihn in ein Heim schicken wollen. Charlottes Rat, keine Dummheiten mehr zu machen, begegnet er mit dem Gerede von der „verlorenen Generation“. Als Sulzer plötzlich auf das Brückengeländer springt und darauf balanciert, erschrickt Charlotte sehr und fährt wütend weg, während Sulzer ihr nachruft, er wolle mit dem Zirkus in die Welt hinaus. Am nächsten Morgen erklärt er jedoch, er wolle sich das mit dem ordentlichen Leben noch einmal überlegen. Nachdem Charlotte alles Hanna erzählt hat, meint diese traurig, Carlo und Sulzer seien beide in Charlotte verliebt. Als Charlotte die Freundin fragt, ob sie sich nicht mit Sulzer zusammentun wolle, erhält sie eine Abfuhr.

3 Richtig sind A 1 (Z. 8) – B 2 (Z. 12 f.) – C 2 (Z. 28 f.) – D 2 (Z. 34) – E 1 (Z. 44–46) – F 2 (Z. 59 f.) – G 1 (Z. 78 f.) – H 2 (Z. 105–107).

Seite 48

4 Es gehören zusammen: A 7 – B 5 – C 8 – D 3 – E 4 – F 1 – G 6 – H 2 – I 10 – J 9.

5 a A 3 (Vergleich) – B 4 (umgangssprachliche Wendung) – C 5 (Personifikation) – D 2 (Redensart) – E 1 (Ellipse)
b A Vergleich – B umgangssprachlicher Ausdruck – C Ellipse – D Redewendung, Metapher

Seite 49

6 Beispiellösung:

In der weiterführenden Aufgabe erzählt Charlotte Hanna von ihrer Begegnung mit Sulzer:
Stell dir vor, als ich gestern von dir nach Hause gefahren bin, stand der Sulzer auf der Brücke. Tat wie immer erst einmal völlig gelassen. Ich habe ihn natürlich gefragt, was los war, warum ihn die Polizei aus der Schule geholt hat. Zunächst hat er mich herausfordernd angesehen, und erst nach einer Weile hat er großspurig berichtet, er hätte mit ein paar Kumpels, die wir nicht kennen, einen Müllcontainer angezündet, einfach so, zum Spaß. Carlo war Gott sei Dank nicht dabei. Und dann, auf einmal, wirkte Sulzer richtig niedergeschlagen. Er hat erzählt, dass ihn seine Eltern in ein Heim stecken wollen, wenn er weiter Dummheiten macht. Als ich ihm geraten habe, einfach keinen Unsinn mehr anzustellen, redete er etwas von unserer „verlorenen Generation“. Plötzlich sprang er auf das Brückengeländer und balancierte wie ein Verrückter darauf entlang. Ich bin vielleicht erschrocken! Ich konnte nur noch „Idiot“ rufen und nach Hause fahren.

7 Beispiel für die Verbesserung sprachlicher und inhaltlicher Fehler:
~~blöd~~ nicht nett – ~~dich und Hanna~~ dich – ~~Treppengeländer~~ Brückengeländer – ~~Spanier~~ Italiener – ~~aus der Parallelklasse~~ aus unserer Klasse – ~~gecheckt~~ gemerkt – ~~Stiefvater~~ Vater – ~~echt totale~~ wirklich riesige – ~~Erich~~ Erwin

8 Beispiellösung:

In der weiterführenden Aufgabe sprechen Tim und Jonas über ihren Klassenkameraden Sulzer:
Jonas: He Tim, warte, ich gehe auch zum Sportplatz. Das war heute ein starkes Stück, als sie den Sulzer geholt haben. Was er wohl angestellt hat?
Tim: Keine Ahnung, aber das verrät er wahrscheinlich nur Charlotte, mit der steckt er manchmal zusammen. Er ist aber auch wirklich zu dumm. Immer wieder macht er Blödsinn, obwohl er doch weiß, dass alle schlecht auf ihn zu sprechen sind. Erinnerst du dich, wie er neulich auf dem Sportplatz aufs Fußballtor geklettert ist und oben balanciert hat wie ein Artist? Das gab natürlich Ärger.
Jonas: Sein Vater wird fuchsteufelswild sein. Ich habe damals mitbekommen, dass er ihn vom Sport abgeholt und furchtbar angebrüllt hat.
Tim: Vielleicht ist Sulzer wegen seines Vaters zu den anderen in der Klasse so böse.
Jonas: Bis auf Carlo. Der lässt sich nichts gefallen.
Tim: Ja, Carlo. Der ist aber auch in Charlotte vernarrt. Da gibt's bestimmt noch Probleme zwischen ihm und Sulzer.

9 Beispiellösung:
Verrückt ist das Verhalten Sulzers, z. B. das Balancieren auf dem Brückengeländer. Bitter sind die Probleme, in denen Sulzer steckt, weil ihm anscheinend niemand hilft. Schön ist die Liebe, die sich vermutlich zwischen Charlotte und Carlo (oder Sulzer?) entwickeln wird.

Lesetraining: Gedichte verstehen und vortragen

Conrad Ferdinand Meyer: Der römische Brunnen

Seite 50

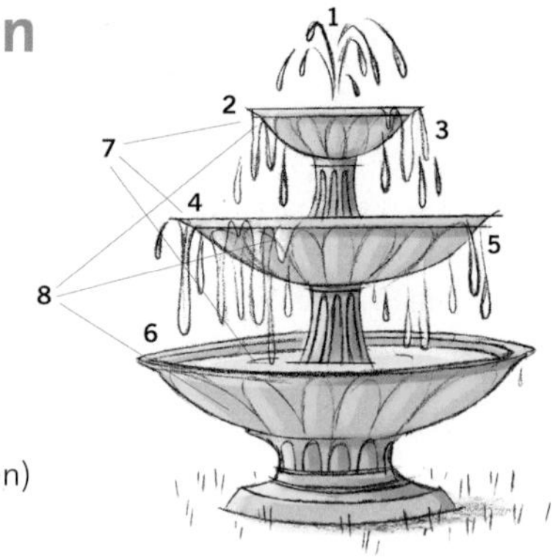

1 a Das Gedicht beschreibt die Bewegung des Wassers in einem römischen Brunnen.
b *(siehe Zeichnung rechts)*

2 a a b a b c d c d
b Kreuzreim
c Enjambements von Vers 1 zu 2, 3 zu 4, 5 zu 6 (hier ist ein Hauptsatz dazwischengeschoben)
d Gegensatzpaare: Aufsteigt/fallend (V. 1) – nimmt/gibt (V. 7) – strömt/ruht (V. 8)

3 Im übertragenen Sinn meint das Gedicht das Leben des Menschen mit seinen Höhe- und Tiefpunkten.

●●● **4**
Aufsteigt der Strahl | und fallend gießt
Er voll der Marmorschale Rund, |
Die, sich verschleiernd, überfließt
In einer zweiten Schale Grund; |
Die zweite gibt, sie wird zu reich,
Der dritten wallend ihre Flut, | |
Und jede nimmt und gibt zugleich
Und strömt und ruht.

Bertolt Brecht: Fragen eines lesenden Arbeiters

Seite 51

1 Beispiellösungen:
A Die Fragen stellt ein Arbeiter, der Geschichtsbücher liest. – B Er hat seine Informationen aus (Geschichts-)Büchern. – C Er stellt diese Fragen, weil er sich für Geschichte interessiert, entsprechende Bücher liest und darin überall nur die Namen und Taten der Mächtigen findet, aber nie etwas über die Arbeiter, die das alles erst ermöglichten. – D Er stellt die Fragen dem Leser des Gedichts. – E Die Fragen sollen bewirken, dass die Angesprochenen darüber nachdenken, wer eigentlich die großen Leistungen der Geschichte vollbracht hat, und dass sie sich vielleicht sogar gegen die Mächtigen auflehnen, die Kriege, Raubzüge und den Bau von Städten und Monumenten immer nur befehlen, aber von anderen ausführen lassen.

2 Richtig sind die Antworten B und D.

3
Wer baute das siebentorige Theben? |
In den Büchern stehen die Namen von Königen. |
Haben die Könige die Felsbrocken herbeigeschleppt?
Und das mehrmals zerstörte Babylon – |
Wer baute es so viele Male auf? In welchen Häusern
Des goldstrahlenden Lima wohnten die Bauleute? |
Wohin gingen an dem Abend, wo die Chinesische Mauer fertig war
Die Maurer? Das große Rom
Ist voll von Triumphbögen. | Wer errichtete sie? Über wen
Triumphierten die Cäsaren? | Hatte das vielbesungene Byzanz
Nur Paläste für seine Bewohner? | Selbst in dem sagenhaften Atlantis
Brüllten in der Nacht, wo das Meer es verschlang
Die Ersaufenden nach ihren Sklaven.

Der junge Alexander eroberte Indien. |
Er allein? |
Cäsar schlug die Gallier. |
Hatte er nicht wenigstens einen Koch bei sich?
Philipp von Spanien weinte, als seine Flotte
Untergegangen war. Weinte sonst niemand? |
Friedrich der Zweite siegte im Siebenjährigen Krieg. | Wer
Siegte außer ihm?

Jede Seite ein Sieg.
Wer kochte den Siegesschmaus?
Alle zehn Jahre eine großer Mann.
Wer bezahlte die Spesen? |

So viele Berichte. |
So viele Fragen.

In einem TGA über einen Sachtext informieren

Einen Bericht zusammenfassen und beschreiben

Seite 52

1 b Beispiele für weitere Schlüsselwörter (die ersten sind im Arbeitsheft bereits markiert): Nachts – Ersatzmutter – Kaum größer als eine Barbie-Puppe – großen runden Augen – winzigen Fingern – im Wohnzimmer – Fast zwei Wochen – um das Leben – gebangt – sehr schwach – Geschlecht – erst in einigen Monaten – richtigen Namen

Seite 53

2 Beispiellösung für die Einleitung:

Der Bericht mit dem Titel „Plumplori-Baby in Augsburger Zoo geboren" wurde am 28. 05. 2013 in der Augsburger Allgemeinen veröffentlicht. Die Autorin ist Nina Merkle. Der Artikel handelt von dem Halbaffen KK, der kürzlich im Augsburger Zoo zur Welt gekommen ist.

3 a Reihenfolge der Sätze: 3 – 6 – 1 – 7 – 2 – 4 – 5

b Beispiellösung: 3 In den Zeilen 15 bis 22, Außerdem/Weiterhin – 6 42 bis 47 – 1 Zunächst, Z. 1–7 – 7 Zum Schluss/Abschließend (Z. 48–54) – 2 Zeile 14. – 4 Danach/Des Weiteren (Z. 23–30) – 5 (Z. 31–41)

c Beispiellösung für die Inhaltszusammenfassung (die Nummern der Sinnabschnitte sind hier nur zur Verdeutlichung ergänzt, sie gehören nicht in den TGA!):

1 Zunächst erfährt der Leser im Lead (Z. 1–7), dass vor Kurzem ein Affenbaby, ein Plumplori namens KK, im Augsburger Zoo zur Welt gekommen ist. 2 Wie KK zu seinem Namen gekommen ist und dass der Halbaffe bei der Zoodirektorin lebt, weil sich seine Eltern nicht richtig um ihn gekümmert haben, erläutert Nina Merkle anschließend bis Zeile 14. 3 In den Zeilen 15 bis 22 ist zu lesen, dass eine Tierpflegerin die Geburt bemerkt hat und dass an diesem Tag ein Tierarzt im Zoo gewesen ist, der allerdings nicht eingegriffen hat. Außerdem/Weiterhin erfährt man, dass sich zunächst die Plumplori-Eltern um ihr Junges gekümmert haben, was aber nachgelassen hat. 4 Danach/Des Weiteren (Z. 23–30) wird darüber informiert, wie sich nun die Zoodirektorin um die Versorgung des kleinen Affen kümmert. 5 Im darauffolgenden Abschnitt (Z. 31–41) wird das kleine Tier näher beschrieben. 6 Dass es anfangs auch kritische Momente und Sorgen um den kleinen Halbaffen gegeben hat, wird in den Zeilen 42 bis 47 bekannt. 7 Zum Schluss/Abschließend (Z. 48–54) geht es darum, dass das Geschlecht des Plumploris noch unbekannt ist und dass er deshalb erst in einigen Monaten, die er nicht bei seinen Eltern verbringen wird, einen Namen bekommt.

Seite 54

4 a + b Die richtige Zuordnung ergibt in den Tabellenzeilen folgende Buchstabenkombinationen:
ADI – BID – CBJ DJB – EEF – FHE – GCH – HFG – IAA – JGC
So sieht die korrekte Tabelle aus (als Lernplakat geeignet):

Bausteine (Fachbegriffe)	Erklärung	Funktion/Wirkung
A Schlagzeile (Headline)	A Hauptüberschrift in sehr großer Schrift	A weckt das Interesse des Lesers, informiert über wesentlichen Gesichtspunkt
B Untertitel	B Ergänzung des Haupttitels, größer und fetter als der Text	B informiert kurz über das Thema, ergänzt die Headline
C Vorspann (Lead)	C geht dem Artikel voran und fasst das Wichtigste zusammen	C gibt dem Leser einen schnellen Überblick, beantwortet die W-Fragen
D Initiale	D besonders groß gedruckter Anfangsbuchstabe	D lenkt den Blick auf den Textanfang
E Absätze	E Textbeginn in einer neuen Zeile	F gliedern den Text, erleichtern das Lesen
F Zwischenüberschriften	F Überschriften über einzelnen Textabschnitten	F fassen Textabschnitte zusammen, gliedern den Text
G Spaltensatz	G Textzeilen nehmen nicht die volle Breite der Seite ein	G lockert den Text auf, macht ihn leichter lesbar
H Fotos, Illustrationen, Grafiken	H anschauliche Bildelemente	H wecken das Interesse des Lesers, animieren zum Lesen, veranschaulichen Informationen des Textes
I Bildunterschrift	I Text unter oder neben einer Abbildung	I erklärt den Bildinhalt
J Quellenhinweis	J Nachweis am Ende des Textes, oft in anderer/kleinerer Schrift	J informiert über Erscheinungsort und -datum

5 Beispiellösung für die Beschreibung des Layouts:

Dieser Artikel enthält die wesentlichen Layoutmerkmale eines Berichts. Zuerst fällt dem Leser das Foto ins Auge, auf dem das Affenbaby abgebildet ist. Dieses Bild wirkt als Blickfang und sorgt dafür, dass das Interesse des Lesers geweckt wird. Auch die sehr groß und fett gedruckte Schlagzeile dient diesem Zweck. Sie nennt das Allerwichtigste in Kürze und wird ergänzt durch den Untertitel. Aufmerksamkeit erregt auch die Initiale zu Beginn des fett gedruckten Vorspanns (Lead). In diesem erfährt der Leser bereits die wichtigsten Fakten in knapper Form. Die Gliederung des folgenden Textes in Absätze und der Satz in Spalten sorgen für Übersichtlichkeit und erleichtern das Lesen. Der Quellenhinweis am Ende des Berichts informiert über Erscheinungsort und -datum.

Seite 55

6 a Fehler sind durchgestrichen: „Plumplori-Baby ~~im~~ Augsburger Zoo geboren" – ~~Aussehen~~ – worum es in dem Artikel ~~handelt~~ – Vorspann (Lead), der ~~unwichtige Details~~ bekannt gibt – ~~werden insgesamt nur kurz und knapp die wichtigsten Informationen genannt~~ – (~~Z. 37~~) – Eine eigene Meinung [...] ist ~~deutlich~~ erkennbar – ~~Im Verlauf des Textes erfährt der Leser dann nach und nach die wichtigsten Informationen. Dies ist so, damit jeder den Bericht ganz lesen muss, um alles zu erfahren, was mit dem Thema zu tun hat~~.

b Beispiel für eine verbesserte Textsortenbestimmung:

Bei dem Artikel „Plumplori-Baby in Augsburger Zoo geboren" handelt es sich um einen Bericht. Ein erster Hinweis darauf ist schon das vorher beschriebene Layout. Außerdem ist die Schlagzeile so formuliert, dass der Leser gleich weiß, worum es in dem Artikel geht, nämlich um die Geburt eines Plumplori-Babys. Typisch ist auch der fett gedruckte Vorspann (Lead), der wichtige Fakten bekannt gibt. Des Weiteren wird ausführlich über Einzelheiten des Geschehens berichtet. Auch die Tatsache, dass die Autorin sachlich die Fakten nennt, z. B. das Gewicht des Babyaffen (Z. 11) oder den Geburtstermin (Z. 1), ist ein Beleg für diese Textsorte. Eine eigene Meinung oder Wertung der Verfasserin ist nicht erkennbar. Die wichtigsten Informationen zur Geburt werden wie in jedem Bericht bereits zu Beginn genannt, Einzelheiten zur Aufzucht folgen später. Am Ende erhält der Leser die Hintergrundinformation, dass das Geschlecht des Tierchens noch unbekannt ist und es deshalb erst später einen richtigen Namen bekommt.

7 ●●● Beispiel für eine Umschrift in eine kurze Nachricht:

Plumplori im Augsburger Zoo geboren

Am 7. Mai wurde im Augsburger Zoo ein Plumplori geboren. Das 45 g schwere Tier ist der erste dieser nachtaktiven Halbaffen, der in einem deutschen Zoo zur Welt kam. Da die Eltern das Junge schon bald nicht ausreichend versorgt haben, kümmert sich nun die Zoodirektorin selbst um das Affenbaby namens KK, dessen Mutter sie ebenfalls monatelang gefüttert hat.

In einem TGA über eine Reportage informieren

Seite 57

2 A richtig – B falsch – C richtig – D richtig – E falsch *(allein auf dem Würzburger Wertstoffhof fällt so viel Sperrmüll an!)* – F richtig

Seite 58

3 Beispiellösung für die Einleitung:

In der Reportage „Schmeiß weg, kauf neu" von Claudia Kneifel geht es um den Wertstoffhof in Würzburg und darum, welche zum Teil noch funktionstüchtigen Dinge dort landen. Der Text erschien am 4. Mai 2013 in der Main Post.

4 a Die Überschriften der Sinnabschnitte in der richtigen Reihenfolge und mit Zeilenangaben:
1 Dinge aus der Fundgrube des Wertstoffhofs Würzburg (Z. 1–16) – 2 Die Art des Mülls und Stoßzeiten der Entsorgung (Z. 17–28) – 3 Mitarbeiter des Wertstoffhofs und ihre Meinung (Z. 29–40) – 4 Kundenservice und anfallende Kosten für die Entsorgung (Z. 41–51) – 5 Müll trotz einwandfreien Zustands (Z. 52–67) – 6 Möglichkeiten der Sperrmüllentsorgung in Würzburg (Z. 68–82) – 7 Gründe für das Wegwerfen (Z. 83–101) – 8 Weitere Verwendung des Plüschhuhns (Z. 102–105)

b Beispiellösung für die Inhaltszusammenfassung:

Zuerst (Z. 1–16) schildert die Autorin, welche Dinge, die noch brauchbar sind, wie zum Beispiel ein orangefarbenes Plüschhuhn, in der Fundgrube des Wertstoffhofs Würzburg landen, wo man sie für wenig Geld kaufen kann. Weiterhin ist zu lesen, was alles am Wertstoffhof entsorgt wird und dass an Wochenenden, in den Ferien, im Frühling und vor Weihnachten am meisten los ist (Z. 17–28). In den Zeilen 29 bis 40 werden dann Meinungen der Mitarbeiter dargestellt, die die Wegwerfgesellschaft bedauern. Welchen Service die Kunden erwarten können und dass für die Entsorgung einiger Abfallarten eine Gebühr bezahlt werden muss, wird danach (Z. 41–51) bekannt. Im nächsten Abschnitt (Z. 52–67) geht es um Gegenstände, die weggeworfen werden, obwohl sie noch nicht kaputt sind. Weitere Möglichkeiten, in Würzburg Sperrmüll zu entsorgen, werden in den Zeilen 68 bis 82 genannt, unter anderen der Tauschmarkt Mainfranken und der Abholdienst bei Wohnungsauflösungen. Anschließend (Z. 83–101) erklärt die Verfasserin, aus welchen Gründen die Menschen so viele Dinge wegwerfen, etwa weil sie unbrauchbar sind oder weil das Entrümpeln ein Gefühl der Befreiung verspricht. Zum Schluss (Z. 102–105) erfährt der Leser, dass das Plüschhuhn, von dem schon eingangs die Rede ist, noch immer auf einen neuen Besitzer wartet. Wahrscheinlich wird es auf dem Sperrmüll landen.

Seite 58/59

5 a A verdeutlicht, wie viel weggeworfen wird – B „Schmeiß weg, kauf neu" → hebt hervor, wie schnell Dinge auf dem Sperrmüll landen – C einfaches Satzgefüge → liefert genaue Informationen – D „Kategorie" (Z. 18), „Apparate" (Z. 56), „ausrangiert" (Z. 56) → heben das Sprachniveau – E Fachbegriffe → zeigen die Sachkenntnis der Autorin – F anschauliche Adjektive → sorgen dafür, dass sich der Leser die Situation gut vorstellen kann – G Metapher → stellt bildlich dar, wie viele verschiedene Dinge entsorgt werden – H „Kinderwagen, Kühlschränke, Koffer" (Z. 36 f.) → verdeutlicht einprägsam die Vielfalt der weggeworfenen Dinge – I wörtliche Rede → erhöht die Glaubwürdigkeit

b Beispiellösung für die Beschreibung der sprachlichen Mittel:

Der Text enthält verschiedene sprachliche Mittel, die hervorheben, wie viel und welche unterschiedlichen Dinge weggeworfen werden. Dazu gehören Aufzählungen, z. B.: „Von Glas, Papier und Holz bis hin zu kaputten Elektrogeräten und Bildschirmen" (Z. 18–20), und eine Alliteration („Kinderwagen, Kühlschränke, Koffer", Z. 36 f.). Als Schlagzeile setzt die Verfasserin eine ironische Aufforderung über ihre Reportage: „Schmeiß weg, kauf neu". Mit Fremdwörtern wie „Kategorie" (Z. 18) und Fachbegriffen wie „Elektronikgerätegesetz" (Z. 62 f.) oder „städtischer Müllkalender" (Z. 22) zeigt sie ihre Sachkenntnis. Wörtliche Reden, bei denen Beteiligte zu Wort kommen, wie zum Beispiel ein Mitarbeiter (Z. 31 f.) oder der Betriebsleiter der Stadtreiniger (Z. 12), erhöhen die Glaubwürdigkeit des Textes. Durch Metaphern wie „die ganze Palette" (Z. 40) und lebendige Adjektive, zum Beispiel „langsam" (Z. 49) und „ungeduldig" (Z. 50), wird die Reportage anschaulich.

Seite 60

6 „die ganze Palette" (Z. 40) – treffende Verben – 14 f. – 30 – Ellipsen – 91–92

7 In dem Text „Schmeiß weg, kauf neu" finden sich alle Merkmale der Reportage aus dem Infokasten außer „die persönliche Sichtweise des Verfassers", „Sinneseindrücke" (Ausnahme: sehen) und „Häufig wechseln die Zeitstufen": In der vorliegenden Reportage äußert die Verfasserin ihre Meinung nicht ausdrucklich (auch wenn man sie erschließen kann), sie gibt neben dem, was sie sieht, keine Sinneseindrücke wieder und liefert keine Hintergrundinformationen oder Vorgeschichte im Präteritum.

8 a Beispiellösung für eine sinnvolle Nummerierung der „Bausteine":
15 – 14 – 12 – 2 – 7 – 6 – 8 – 3 – 1 – 9 – 5 – 4 – 11 – 10 – 13

b Sinnvolle Ordnung der „Bausteine" / Beispiel für die Textsortenbestimmung:

Bei dem vorliegenden Text handelt es sich um eine Reportage, da die Autorin mit einem Detail (orangefarbenes Plüschhuhn) direkt in das Geschehen einsteigt (Zoomtechnik), um so die Leser/-innen in die Situation zu versetzen und ihr Interesse zu wecken (Z. 5–6). Dass die Autorin erkennbar vor Ort recherchiert hat, merkt man am gesamten szenischen Einstieg. So zählt sie beispielsweise gleich zu Beginn auf, welche Dinge in der Fundgrube auf einen neuen Besitzer warten (Z. 1–8). Typisch für diese Textsorte ist auch der Perspektivenwechsel. Nicht nur die Angestellten des Wertstoffhofs kommen zu Wort (z. B. Z. 12, 31 f., 100–101), auch die Kunden können von ihren Erfahrungen und Absichten berichten (Z. 86–87). Somit lernt die Leserin/der Leser verschiedene Standpunkte zum Thema kennen. In dem Text wechseln sachliche Informationen (z. B. in Z. 52–54) und anschauliche Schilderungen der Stimmung und der Atmosphäre (Z. 48–51). Besonders erlebnishaft schildert die Journalistin, wie es auf dem Wertstoffhof zugeht (Z. 36–40). Die Reportage wirkt daher anschaulicher und lebendiger als ein sachlicher Bericht.

Seite 61

9 Beispiellösung für den Schluss:

Die Thematik des Textes hat mich angesprochen, weil mir vorher gar nicht bewusst war, wie viele Dinge einfach weggeworfen werden. Ich fand erstaunlich, dass nicht alles kaputt oder unbrauchbar ist, was auf dem Müll landet, sondern viele Menschen einfach lieber etwas Neues haben wollen. Für die Zukunft fände ich es wünschenswert, dass wir alle uns fragen, ob es nicht sinnvoller wäre, Brauchbares weiterzuverwenden und kaputte Dinge zu reparieren.

Die Ergebnisse zu den Aufgaben 3, 4 b, 5 b, 8 b und 9 (hier grau unterlegt) ergeben einen textgebundenen Aufsatz zu der Reportage „Schmeiß weg, kauf neu". Anhand der unten stehenden Checkliste kannst du überprüfen, ob dein TGA zu einer Reportage gelungen ist.

10 Die Grafik zeigt, wie viele Kilogramm Haushaltsabfälle im Jahr 2011 je Einwohner in den einzelnen deutschen Bundesländern anfielen, welchen Anteil Hausmüll, Biomüll, Sperrmüll usw. am gesamten Müllaufkommen hatten und wie sich die Menge des anfallenden Mülls zwischen 2004 und 2011 verändert hat.

11 a A falsch – B richtig – C richtig – D falsch – E richtig

●●● b Beispiellösungen:
In Sachsen war im Jahr 2011 das Müllaufkommen der privaten Haushalte am niedrigsten. –
In Thüringen warfen die Einwohner durchschnittlich 398 kg Haushaltsabfälle weg. –
2011 waren mit 9,1 Tonnen etwa ein Viertel des Abfalls privater Haushalte Bioabfälle.

Einen Sachtext beschreiben

Einleitung
- Habe ich Autor/-in, Titel, Textsorte und Quellenangabe genannt?
- Informiert die Kernaussage knapp darüber, worum es in dem Text geht?

Hauptteil
- Habe ich die Sinnabschnitte kurz und treffend im Präsens zusammengefasst?
- Wird der Textaufbau sichtbar?
- Habe ich bei der Beschreibung des Layouts folgende Einzelheiten beachtet: Fotos/Illustrationen/Grafiken, Schlagzeile, Untertitel, Vorspann, evtl. Zwischenüberschriften, Spaltensatz?
- Habe ich die wichtigen Merkmale der Textsorte (z. B. der Reportage), die in dem Text zu finden sind, erläutert und mit Beispielen belegt?
- Wurden sprachliche Besonderheiten in ihrer Funktion dargestellt?
- Habe ich die Absicht der Autorin/des Autors und die Wirkung auf den Leser herausgearbeitet?

Schluss
- Habe ich meine Meinung zum Text oder zum Thema überzeugend beschrieben und begründet?

Sprache und Form
- Habe ich immer das Präsens verwendet?
- Habe ich an einen abwechslungsreichen Satzbau gedacht?
- Habe ich deutliche Absätze gemacht und auf eine saubere Form geachtet?
- Wurden Rechtschreibung und Zeichensetzung überprüft?

Grammatiktraining: Wörter und Wortarten

Wortarten erkennen, den richtigen Kasus benutzen

Seite 62

1 a + b kuriosesten (Adj) – welchen (RelP) – aus (Präp) – Die (Art) – den (Art) – ihres (PossP) – großen (Adj) – in (Präp) – tätowieren (V) – ihn (PersP) – Stunden (N) – sofort (Adv) – Obwohl (K) – dass (K) – alle (IndP) – Gegenteil (N) – In (Präp) – Du (PersP) – dieses (DemP) – sieht (V)

2 a 1 der freien Künste – 2 ihrer Liebe – 3 dem bekannten Tätowierer – 4 ihn – 5 den riesigen Buchstaben – 6 seines Vornamens – 7 ihrer linken Augenbraue – 8 den Rest – 9 ihres blassen Körpers – 10 ihrem berüchtigten Verlobten – 11 Diesem – 12 seiner Kreativität – 13 freien Lauf – 14 seiner verrückten Ideen – 15 den letzten Jahren – 16 den Titelseiten – 17 einiger internationaler Zeitschriften

●●● b 1 Genitiv – 3 Dativ – 4 Akkusativ – 6 Genitiv – 8 Akkusativ – 11 Dativ – 12 Dativ

Verhältnisse beschreiben – Präpositionen

Seite 63

1 Richtig (und nicht zu streichen) sind:
von – bei – im – in – über – auf Grund – in – zwischen – auf – für – Bei – zu – seit – mit – über – aus – aufs – um – am – für – nach – durch – unter – zwischen

Umstände benennen – Adverbien

Seite 63

1 a meistens – Daher – leider – oft – bald – zunächst – beispielsweise – irgendwohin – später – vielleicht
b immer – darum/deshalb – nämlich – Deshalb/Darum – erst
●●● c Temporaladverbien: meistens, oft, bald, zunächst, später, immer, erst – Lokaladverbien: irgendwohin – Kausaladverbien: daher, darum, nämlich, deshalb – Modaladverbien: leider, beispielsweise, vielleicht

Verben – Zeitformen bilden

Seite 64

1 a lege: 1. Pers. Sg. Präs. – erschien: 3. Pers. Sg. Prät. – gestorben ist: 3. Pers. Sg. Perf. – sich getrennt haben: 3. Pers. Pl. Perf. – kümmert sich: 3. Pers. Sg. Präs. – werdet durchlesen: 2. Pers. Pl. Futur I
b Ich werde euch ein Buch von Jenny Valentine ans Herz legen. – „Kaputte Suppe" ist 2010 auf Deutsch erschienen. – Nachdem Rowans Bruder Jack gestorben war – und die Eltern sich getrennt hatten – kümmerte sich Rowan um ihre Schwester Stroma und den Haushalt. – Ihr werdet das traurige und zugleich lustige Buch sicher schnell durchgelesen haben.

2 waren (Prät.) – war (Prät.) – spielte (Prät.) – rief ... an (Prät.) – wart (Prät.) – kam ... vor (Prät.) – sich ausdrückte (Prät.) – ist (Präs.) – Wusste (Prät.) – wart (Prät.) – hebt ... ab (Präs.) – anruft (Präs.) – wollte ... sagen (Prät.) – schlief (Prät.) – laufen ließ (Prät.) – hörte (Prät.) – wollte sagen (Prät.) – rangegangen war (Plusquamp.) – geläutet hatte (Plusquamp.) – wollte sagen (Prät.) – vergessen hatte (Plusquamp.) – besaß (Prät.) – wollte sagen (Prät.) – registrierte (Prät.) – waren (Prät.) – wollte (Prät.) – zusammenbrachte (Prät.) – sagte (Prät.) – hat ... gewusst (Perf.) – Bist ... vorbeigekommen (Perf.) – sagte (Prät.) – war arbeiten (Prät.) – hatte (Prät.) – ist (Präs.) – sagte (Prät.) – waren (Prät.)

Verben – Aktiv und Passiv unterscheiden

Seite 65

1 a + b A Passiv, Prät. → Aktiv: Ein Junge sprach Rowan im Supermarkt an. – B Aktiv, Prät. → Passiv: Ihr wurde (von ihm) ein geheimnisvolles Foto überreicht. – C Passiv, Perf. → Aktiv: Hat er Rowan zum Narren gehalten? – D Passiv, Plusquamp. → Aktiv: Ihre Freundin Bee hatte das Bild entwickelt. – E Aktiv, Präs. → Passiv: Rowan wird von Bee schonend über das Geheimnis des Bildes aufgeklärt. – F Aktiv, Futur I → Passiv: Der Junge vom Supermarkt wird deshalb von Rowan aufgesucht werden.
●●● c A Rowan wird im Supermarkt von einem Jungen angesprochen. – B Er überreicht ihr ein geheimnisvolles Foto. – C Wird Rowan von ihm zum Narren gehalten? – D Das Foto ist von ihrer Freundin Bee entwickelt worden. – E Bee klärt Rowan schonend über das Geheimnis des Bildes auf. – F Rowan sucht deshalb den Jungen vom Supermarkt auf.

2 a Passiv: Ihre Jugendbücher „Wer ist Violet Park?" und „Das zweite Leben des Cassiel Roadnight" sind von den Kritikern sehr gelobt worden. Für den Roman „Kaputte Suppe" wurden ihr mehrere Preise verliehen. [...], die nun ins Deutsche übersetzt werden. (Die anderen [Teil-]Sätze stehen im Aktiv.)
b Beispiellösung:
Die Kritiker haben ihre Jugendbücher „Wer ist Violet Park?" und „Das zweite Leben des Cassiel Roadnight" sehr gelobt. Für den Roman „Kaputte Suppe" verlieh man ihr mehrere Preise. Seit Kurzem schreibt sie auch Kinderbücher, die Übersetzer nun ins Deutsche übersetzen.
●●● c Bei den letzten beiden Sätzen ist der Passivsatz sinnvoller, weil die Handelnden nicht bekannt sind.

Modalverben – Die Aussage eines Verbs verändern

Seite 66

1 A möchte (Wunsch) – B sollen (Auftrag) – C Dürfen (Erlaubnis) – kann (Möglichkeit) – D dürfen (Erlaubnis) – müsst (Notwendigkeit) – E Wollen (Absicht) – können (Möglichkeit)

2 Beispiellösung:
Wir müssen den Umgang mit dem Tablet lernen. (Notwendigkeit) – Sollen wir Spenden für die Anschaffung der Geräte sammeln? (Auftrag) – Die Schulleitung soll bequemere Stühle anschaffen. (Auftrag) – Warum dürfen wir nicht jederzeit in den Computerraum gehen? (Erlaubnis) – Es muss leckeres Essen in der Schulkantine angeboten werden. (Notwendigkeit) – Können wir häufiger Sportunterricht haben? (Möglichkeit) – Wir möchten gerne eine Schülerbücherei einrichten. (Wunsch)

3 B Die Lehrer dürfen noch mehr Wahlfächer anbieten. (Erlaubnis) – Die Lehrer können noch mehr Wahlfächer anbieten. (Möglichkeit) – Die Lehrer möchten noch mehr Wahlfächer anbieten. (Wunsch) – Die Lehrer müssen noch mehr Wahlfächer anbieten. (Notwendigkeit) – Die Lehrer sollen noch mehr Wahlfächer anbieten. (Auftrag) – Die Lehrer wollen noch mehr Wahlfächer anbieten. (Absicht)

E So können wir Geld für den SMV-Ausflug verdienen. (Präsens) – So konnten wir Geld für den SMV-Ausflug verdienen. (Präteritum) – So haben wir Geld für den SMV-Ausflug verdienen können. (Perfekt) – So hatten wir Geld für den SMV-Ausflug verdienen können. (Plusquamperfekt) – So werden wir Geld für den SMV-Ausflug verdienen können. (Futur I) – So werden wir Geld für den SMV-Ausflug verdient haben können. (Futur II)

4 In folgenden Texten werden Modalverben besonders häufig verwendet:
Gesetze, Gebote und Verbote – Anweisungen – Vorschriften, Regeln – Empfehlungen und Tipps – Bitten, Beschwerden

Aussagen wiedergeben, Wünsche formulieren – Der Konjunktiv

Konjunktiv I

Seite 67

1 (Konj. ist hier unterstrichen):
wurde – war – haben – wird – sei – erklärte – unterstütze – fördere – berichtet – habe – habe – seien – heißt – dürfe – meinte – handele

2 a + b könne – feiere – müsse – sei – komme – gebe – seien – treffe – stehe – dürfe – werde

Konjunktiv II

Seite 68

1 könnten – müssten – stände – könnten – gelängen – wären – jammerten – abhielten – hätten – hätten – bekämen – Würden – verreiste – träfe – Könntet

2 Präteritum und Konjunktiv II identisch: Max merkt an: „Wenn wir nicht die ganze Zeit jammerten und uns dadurch von der Arbeit abhielten, ...“ → Umschreibung mit „würde“: „Wenn wir nicht die ganze Zeit jammern (würden) und uns dadurch von der Arbeit abhalten würden, ...“ – Wenn ich übers Wochenende nicht verreiste, ... → Umschreibung mit „würde“: Wenn ich übers Wochenende nicht verreisen würde, ...

Wörtliche und indirekte Rede

Seite 69

1 a + b (indirekte Rede = unterstrichen, Konjunktiv I, Konjunktiv II, Ersatzform mit „würde“)

Z. 2–5: Herr Hofmann, der betreuende Lehrer, erläutert, dass zwei angenehme Räume für eine Beratung bereitständen und die Schüler dazu einladen würden, im Streitfall freiwillig mit ihren Problemen zu einem klärenden Gespräch zu kommen. Manchmal schicke aber auch der Lehrer die streitenden Schüler zu den Streitschlichtern. Jan, ein Streitschlichter, fügt hinzu, dass es dabei oft um Belanglosigkeiten gehe.

Z. 12 f.: Dadurch solle auch vermieden werden, dass sich eine Person am Ende als Sieger fühlt.

Z. 14: Allen Streitschlichtern bereite der Einsatz viel Freude, formuliert der betreuende Lehrer.

Z. 18: Herr Hofmann fragte zuletzt noch, ob nicht einige Schüler Lust hätten, dem Streitschlichterteam beizutreten.

c Beispiellösung:

Z. 6–12: So komme es immer wieder vor, dass ein Streit dadurch entstehe, dass beispielsweise eine Schülerin einer anderen, ohne zu fragen, etwas wegnehme. Was für andere Kleinigkeiten seien, könne für die Streitenden zu einem großen Problem werden, zeigt Monika auf. Damit die Streitschlichter stets unparteiisch blieben, müssten sie in einer Schlichtung ganz bestimmte Regeln einhalten. Diese lernten sie während ihrer Ausbildung (*hier ist auch die Umschreibung mit würde sinnvoll:* Diese würden sie während ihrer Ausbildung lernen). Das sei auch wichtig, damit keine Unsicherheiten entständen, erklärt Herr Hofmann. Jan betont, das Ziel einer Schlichtung sei es, dass die beiden Streitparteien gemeinsam eine Lösung für ihr Problem fänden und eine Vereinbarung träfen.

Z. 14–17: Streitschlichterin Monika kommentiert zusammenfassend, die Arbeit als Streitschlichter mache ihnen allen viel Spaß. Sie hätten festgestellt, dass sie die Erfahrungen auch außerhalb der Schule gut gebrauchen könnten. Sie riefen aber ihre Mitschüler auf (*hier ist auch die Umschreibung mit würde sinnvoll:* Sie würden aber ihre Mitschüler aufrufen), das Angebot intensiver zu nutzen.

d Umformung in wörtliche Rede: Z. 2–5: Herr Hofmann, der betreuende Lehrer, erläutert: „Zwei angenehme Räume stehen für eine Beratung bereit und laden die Schüler dazu ein, im Streitfall freiwillig mit ihren Problemen zu einem klärenden Gespräch zu kommen. Manchmal schickt aber auch der Lehrer die streitenden Schüler zu den Streitschlichtern.“ Jan, ein Streitschlichter, fügt hinzu: „Es geht dabei oft um Belanglosigkeiten.“ – Z. 12 f.: Jan betont: „Dadurch soll auch vermieden werden, dass sich eine Person am Ende als Sieger fühlt.“ – Z. 14: „Allen Streitschlichtern bereitet der Einsatz viel Freude“, formuliert der betreuende Lehrer. – Z. 18: Herr Hofmann fragt zuletzt noch: „Haben nicht einige Schüler Lust, dem Streitschlichterteam beizutreten?“ (*Hier wäre auch der Konjunktiv II als Höflichkeitsform sinnvoll:* „Hätten nicht einige Schüler Lust, dem Streitschlichterteam beizutreten?“)

Die Ausdrucksmöglichkeiten erweitern – Fremdwörter und Synonyme

Seite 70/71

1 a + b + c Fremdwörter (in der richtigen Verbform) und ihre Bedeutung:
diskutiert 11 – korrigierten 5 – produzierten 1 – montierten 9 – definiert 7 – studieren 10 – imitieren 4 – kommuniziert 3 – kritisieren 12 – organisieren 2 – präsentiert 13 – reagieren 14 – kommentieren 6 – (nicht im Text:) tolerieren 8

d + e Beispiellösung (in der Reihenfolge Verb, Nomen, Adjektiv):
diskutieren, die Diskussion, diskutabel – korrigieren, die Korrektur, korrekt – produzieren, die Produktion, produktiv – montieren, die Montage – definieren, die Definition, definitiv – studieren, das Studium – imitieren, die Imitation/das Imitat – kommunizieren, die Kommunikation, kommunikativ – kritisieren, die Kritik, kritisch – organisieren, die Organisation, organisatorisch – präsentieren, die Präsentation, präsentabel – reagieren, die Reaktion – kommentieren, der Kommentar – tolerieren, die Toleranz, tolerabel

Seite 71

2 Weitere Fremdwörter im Text:
motiviert – fantasie(vollen) – Accessoires – Outfits – Cosplay – Boom – Mangas – Comics – Fans – Cosplayer virtuell – Internet – Meetings – Shows

3 a Autor – Reporter – Verfasser – Journalist – *(oder es wird das Passiv verwendet)*

b waagrecht: verdeutlichen, klarmachen, darstellen, beweisen, erklären, beleuchten, berichten
senkrecht: informieren, begründen, aufzeigen, kritisieren, thematisieren, belegen, beschreiben, hervorheben, darlegen

c Beispiele: Zuerst/Zunächst/Zu Beginn/Anfangs/Einleitend – Anschließend/Danach/Im nächsten Abschnitt – Im dritten Absatz/Daraufhin/Sodann – Im vierten Absatz/Schließlich/Dann – Im letzten Absatz/Abschließend/Zum Schluss /Zuletzt

d Beispiellösung für die überarbeitete Inhaltszusammenfassung:

Einleitend (Z. 1–5) beschreibt der Autor, wie stolz die beiden Cosplay-Anhängerinnen Anika und Marie auf ihre Kostüme sind. Anschließend (Z. 6–10) hebt er hervor, dass die beiden Jugendlichen lange an ihren Cosplay-Outfits arbeiten. Cosplay kommt aus Japan, wie der Reporter danach (Z. 11–13) erklärt. Seine Anhänger ziehen sich nicht nur wie ihre Vorbilder aus den Mangas an, sondern verhalten sich auch so. In den Zeilen 14 bis 17 wird schließlich dargestellt, dass sich die Cosplayer meistens im Internet treffen, manchmal aber sogar reale Veranstaltungen organisieren, bei denen sie ihre Kostüme präsentieren und sich gegenseitig bewerten. Abschließend (Z. 18–19) berichtet der Journalist von der Verärgerung der beiden Mädchen über Passanten, die Cosplayer belächeln und verspotten.

Teste dich! Wörter und Wortarten

Seite 72

1 a + b Für jede richtige Fehlerkorrektur gibt es einen Punkt. 12 Punkte
Für jede richtige Bestimmung der Wortart gibt es einen weiteren Punkt.
In diesem Jahr, Demonstrativpronomen – an unserer Schule, Possessivpronomen – Während der Schulsanitäter-Ausbildung, Artikel – die mehrere Tage dauert, Relativpronomen – können engagierte Schüler lernen, Adjektiv – wie sie Verletzte versorgen müssen, Nomen

2 a A Passiv, Perfekt – B Aktiv, Präsens – C Passiv, Futur I 6 Punkte
b A Dieses Jahr hat man/das Rote Kreuz zehn Schulsanitäter ausgebildet. – B Der Kurs wird stets von ehrenamtlichen Mitarbeitern des Roten Kreuzes geleitet. – C Herr Hüttner wird ab morgen Anmeldungen für den nächsten Erste-Hilfe-Kurs entgegennehmen.

3 A Susanne, eine Schulsanitäterin, meinte, sie leiste einen Beitrag zur Sicherheit an der Schule. 4 Punkte
B Ihre Kollegen Tim und Peter fügten hinzu, sie übernähmen Verantwortung für ihre Mitschüler.
C Die Rektorin erklärte, ein Schulsanitäter könne die Lehrer bei Notfällen entlasten und übe sein Sozialverhalten.

Insgesamt zu erreichende Punktzahl: 22 Punkte

Grammatiktraining: Satzglieder und Sätze

Satzglieder erkennen und sinnvoll einsetzen

Seite 73

1 a–d Das Guinness-Buch (S) | enthält (P) | bekanntermaßen (MA) | die weltweit bedeutendste Sammlung von Rekorden (AO). | Den ersten Band (AO) | gab (P, 1. Teil) | die Guinness-Brauerei (S) | im Jahr 1955 (TA) | heraus (P, 2. Teil). | Dem Geschäftsführer (DO) | kam (P) | diese Idee (S) | im Wald (LA). | Wegen eines Fehlschusses bei der Vogeljagd (KA) | hatte (P, 1. Teil) | er (S) | beschämt (MA) | nach einer Entschuldigung (PO) | gesucht (P, 2. Teil) | und deswegen (KA) | Nachforschungen über den schnellsten Vogel der Welt (AO) | betrieben (P, 2. Teil). | Zunächst (TA) | bedurfte (P) | der als Autor unerfahrene Brauereiinhaber (S) | der Hilfe der Zwillingsbrüder McWhirter (GO). | Mittlerweile (TA) | freut sich (P) | der Verlag des Guinness-Buchs (S) | jedes Jahr (TA) | über die erfolgreiche Herausgabe und die hohen Verkaufszahlen des Jahrbuchs (PO).

2 Die richtige Zuordnung: A5 – B3 – C1 – D6 – E4 – F2

Seite 74

3 a + d im Jahre 1954 (TA) – in Amerika (LA) – Mit strahlenden Augen (MA) – schon als Kind (TA) – Wegen seiner Unsportlichkeit (KA) – jedoch (MA) – Inzwischen (TA) – auf allen Kontinenten (LA) – auf Grund dessen (KA)
b im August 1979 – Mit viel Ausdauer – damals – Seit diesem großen Erfolg – wegen seines Ehrgeizes – Unter Wasser – mit einem Fahrrad – mit seinem Stiel – Innerhalb von einer Minute – auf dem Rücken eines Elefanten – Auf Grund seiner Vielseitigkeit
c + d Nach jedem gelungenen Rekord (TA) – vor Freude (KA) – wie ein kleiner Junge (MA) – Überall (LA) – mit seinen Höchstleistungen (MA) – Auf Grund seines Erfindungsreichtums (KA) – sicher (MA) – nie (TA)

Das Attribut – Teil eines Satzglieds

Seite 75

1 a + b Bezugswörter sind hier grau markiert.

Der Mensch | hält sich | für die Krone der Schöpfung | , doch | viele Tiere | sind | uns | leistungsmäßig | überlegen.

Dazu | gehört | der Blauwal, ein Säugetier. | Er | ist | mit über 30 Metern | das größte Tier der Welt. | Gleichzeitig | ist | der Blauwal, der sich ausschließlich von Plankton ernährt, | mit einer Körpermasse von etwa 200 Tonnen | auch das schwerste Tier der Erde. | Allein das Herz eines Wals | wiegt | über 600 Kilogramm. |

Mit der ausströmenden Luft eines Atemzugs | könnte | man | Tausende Luftballons | aufblasen.

2 a eines Wals – stärksten – der Tierwelt – wagemutige – die einem verspielten Wal zu nahe gekommen waren – dieses Spektakels – ein Lebensretter aus Sydney – zerbrochenes – schreiende – die von einem Wal aus dem tosenden Wasser geschleudert wurden – Alle – riesigen – gefährlichen – von Mensch und Tier

●●● b verspielten – aus Sydney – tosenden

3 **Adjektivattribute:** größte, schwerste, stärksten, wagemutige, riesigen, gefährlichen – **Genitivattribute:** der Schöpfung, der Welt, der Erde, eines Wals, eines Atemzugs, eines Wals, der Tierwelt, dieses Spektakels – **präpositionale Attribute:** von etwa 200 Tonnen, aus Sydney, von Mensch und Tier – **partizipiale Attribute:** ausströmenden, verspielten, zerbrochenes, schreiende, tosenden – **Indefinitpronomen:** viele, Tausende, alle – **Zahlwörter:** über 30, etwa 200, über 600 – **Appositionen:** ein Säugetier, ein Lebensretter aus Sydney – **Attributsätze:** der sich ausschließlich von Plankton ernährt, die einem verspielten Wal zu nahe gekommen waren, die von einem Wal aus dem tosenden Wasser geschleudert wurden

Texte abwechslungsreich gestalten – Sätze verknüpfen

Seite 76

1 Hauptsätze sind einfach unterstrichen, Nebensätze sind mit Punktlinie unterstrichen, Konjunktionen und Relativpronomen sind umkreist.

A In Dubai will man Touristen anlocken, indem man Rekordbauten errichtet. (SG) – B Der Architekt Adrian Smith, der aus den USA stammt, wurde mit dem Entwurf des höchsten Bauwerks der Erde beauftragt. (SG) – C Nachdem sechs Jahre daran gebaut worden war, wurde der höchste Turm der Welt 2010 eröffnet. (SG) – D Das Gebäude ist 828 Meter hoch, aber das höchste begehbare Geschoss liegt bei 638 Metern. (SR) – E Da ein Scheich aus Abu Dhabi finanziell ausgeholfen hat, wurde der Turm nach ihm benannt. (SG) – F Die unteren Etagen dienen als Hotel(,) und in den oberen Stockwerken befinden sich Büros und Suiten. (SR) – G Lange wird Dubai diesen Rekord nicht halten, denn etliche Länder planen noch höhere Wolkenkratzer. (SR) – Lösungswort: Khalifa

2 In Abu Dhabi baute man, kurz nachdem Nachbar Dubai das höchste Gebäude der Welt errichtet hatte, den schiefsten Turm der Erde mit circa 18 Grad Neigung. – Da es eines der bemerkenswertesten Gebäude der Welt ist, erhielt das Hochhaus einen Eintrag ins Guinness-Buch der Rekorde. – In Italien herrscht, obwohl der Schiefe Turm von Pisa lediglich um 4 Grad geneigt ist, ein größerer Besucherandrang als in Abu Dhabi.

Seite 77

3 a Beispiellösung:

Liebe Sonja,
gestern bin ich mit meinen Eltern nach Ulm gefahren, denn meine Tante hatte uns eingeladen. Heute Vormittag haben wir das Ulmer Münster, das/welches das Wahrzeichen der Stadt ist, besichtigt. Ich kam ganz schön aus der Puste, als/während ich die 768 Treppenstufen im Turm hochstieg. Beim Treppensteigen schimpfte ich sehr, aber/doch der herrliche Ausblick von oben entschädigte für alles. Ulrich von Ensinger, der den Kirchturm plante, wurde um 1400 wegen seiner Idee, den höchsten Turm der Welt zu bauen, ausgelacht. Obwohl die Bürger skeptisch waren, bauten sie den Turm. Ich hatte keine Ahnung, dass die Stadt Ulm nicht nur mit dem höchsten Kirchturm der Erde, sondern auch noch mit einem weiteren Bauwerk einen Weltrekord aufstellt. Direkt an der Blau steht ein fünfstöckiges Fachwerkhaus, das als das schiefste Hotel der Welt gilt. [...]

●●● b Heute Vormittag haben wir das Ulmer Münster, das Wahrzeichen der Stadt, besichtigt. – Ulrich von Ensinger, der Planer des Kirchturms, wurde um 1400 wegen der Idee [...] ausgelacht. – Direkt an der Blau steht ein fünfstöckiges Fachwerkhaus, das schiefste Hotel der Welt.

4 a (Adverbialien sind einfach unterstrichen, Adverbialsätze doppelt.)
A Nachdem der Zweite Weltkrieg zu Ende war – B mit dem Bau repräsentativer Hochhäuser – C Da es so viele Wolkenkratzer gibt – D Zur Steigerung der Bekanntheit dieser hohen Gebäude

b Beispiellösung:
A Nach dem Ende des Zweiten Weltkriegs (Temporaladverbiale) wurde Frankfurt am Main zur Stadt der Banken. – B Die Banken wollten ihre Bedeutung zeigen, indem sie repräsentative Hochhäuser bauten. (Modalsatz)/Die Banken wollten ihre Bedeutung zeigen, sodass sie repräsentative Hochhäuser bauten. (Konsekutivsatz) – C Auf Grund/Wegen der vielen Wolkenkratzer (Kausaladverbiale) wird Frankfurt auch Mainhattan genannt. – D Damit die Bekanntheit dieser hohen Gebäude gesteigert wird (Finalsatz), feiert man jährlich ein Wolkenkratzer-Festival.

Sätze anders formulieren: Infinitiv- und Partizipsätze

Infinitivsätze

Seite 78

1 a + b (Kommas, die man setzen kann, aber nicht setzen muss, stehen hier und bei den folgenden Lösungen in Klammern.) Um ins „Guinness-Buch der Rekorde" zu kommen, machen Menschen Unglaubliches. So stieg Felix Baumgartner im Herbst 2012 mit einem Heliumballon in die Stratosphäre auf, um mit Schutzanzug und Fallschirm abzuspringen. Ein Zweck dieses Abenteuers war es, wissenschaftliche Daten zu sammeln. Außerdem verfolgte man das Ziel, etliche Weltrekorde aufzustellen. Ohne einen Stabilisierungsschirm zu verwenden, erreichte Baumgartner mit 1357,6 km/h die höchste je erreichte Geschwindigkeit im freien Fall. Er schaffte es sogar, die Schallmauer zu durchbrechen. Nach seinem Sprung aus 39 Kilometern Höhe kündigte Baumgartner an(,) sich aus dem Extremsport zurückzuziehen. Statt gewagte Sprünge zu vollführen, will er nun als Hubschrauberpilot arbeiten.

2 A Manche balancieren in schwindelerregender Höhe auf einem Seil, ohne einen Gurt zu tragen. – B Andere tragen ihr Auto über eine gewisse Strecke, statt damit zu fahren. – C Ein Australier lief vom Nordpol zum Südpol, um Spenden zu sammeln. – D Ein Mann schwamm über 200 Kilometer im Meer, ohne Schwimmflossen zu verwenden.

3 A Viele hoffen(,) durch den Eintrag ins Guinness-Buch berühmt zu werden. – B Ein Brite sammelte 322 Staubsauger, um in das Buch der skurrilen Rekorde aufgenommen zu werden. – C Ein Mann ist stolz darauf, die längsten Haare der Welt zu haben.

4 A Über 70 Surfer schafften es, gleichzeitig auf einer Welle zu reiten. – B Eine Frau hatte die Idee, 95 Prozent ihres Körpers tätowieren zu lassen. – C Im Alter von 100 Jahren schaffte es Fauja Singh, einen Marathon zu laufen.

Partizipsätze

Seite 79

1 (Nur im letzten Satz muss ein Komma gesetzt werden, die anderen Kommas [hier in Klammern] können gesetzt werden.) Vor Anspannung erstarrt(,) beobachteten am 23. Juni 2013 viele Zuschauer den berühmten Akrobaten Nik Wallenda. Dieser versuchte nämlich(,) von persönlichem Ehrgeiz angespornt(,) einen neuen Rekord aufzustellen. Völlig ungesichert und lediglich mit einer Balancierstange ausgerüstet(,) wollte der Hochseilartist als erster Mensch eine Schlucht des Grand Canyon überqueren. Die Gefahren des Unternehmens kennend(,) betrat Nik Wallenda schließlich(,) von Kameramännern umzingelt(,) das dünne Drahtseil. Zitternd und völlig verkrampft, so verfolgte seine Familie jeden seiner vorsichtigen Schritte.

2 a A Leise betend(,) balancierte der Artist auf dem Seil. – B (Kann nicht umgeformt werden; vgl. Teilaufgabe b). – C Sich auf das Seil niederkniend(,) bremste er dessen starke Schwankungen in der Mitte der Strecke. – D Am Ziel angekommen(,) sprang Nik Wallenda vom Seil und küsste den Boden. – E Die Zuschauer würdigten(,) laut klatschend und jubelnd(,) seine Heldentat.

●●● b Satz B kann nicht umgeformt werden, denn der Nebensatz hat ein anderes Subjekt (der Artist) als der Hauptsatz (das Seil).

„das" oder „dass"? – Nebensätze unterscheiden

Seite 80

1 a + b (Relativsatz: einfach unterstrichen, dass-Satz: doppelt unterstrichen)
Denke dir ein gezeichnetes Kästchen, das einen Zentimeter lang und einen Zentimeter breit ist. Kannst du dir vorstellen, dass auf dieser winzigen Fläche 100 000 Haare wachsen? Unglaublich, aber genau so ist es bei Seeottern, die eine Länge von bis zu 1,50 Meter erreichen. Man hat herausgefunden, dass sie mehr Haare haben als alle anderen Tiere auf der Welt. Das schützt sie, denn Seeotter verbringen fast ihr ganzes Leben, das etwa 15 Jahre währt, im Meer.

●●● c Das schützt sie ...: Das (im Sinne von „Dieses") = Demonstrativpronomen

2 a + b Dass (K) ihnen dabei nicht kalt wird, liegt an ihrem dichten Fell. Dieses sorgt auch dafür, dass (K) die Otter nicht untergehen [...]. Das Meer, das (R) oft eisig ist und hohe Wellen schlägt, dient den Seeottern auch als Schlafplatz. [...] um zu verhindern, dass (K) sie von der Strömung weggetrieben werden. Das Tangfeld in Küstennähe, das (R) sie außerdem vor ihren Feinden [...] schützt, ist also überlebenswichtig für die Seeotter. Das Fell der Tiere, das (R) viele Falten wirft, sieht so aus, als [...]. Aber die Natur hat es so eingerichtet, dass (K) auch diese Falten ihren Sinn haben: Sie dienen zur Aufbewahrung des Futters, das (R) die Seeotter darin verbergen [...].

Teste dich! Satzglieder und Sätze

Seite 81

1 A In Schleswig-Holstein (LA) | knoteten (P, 1. Teil) | Helfer (S) | eine Kette aus mehr als 10 000 Plastiktüten (AO) | zusammen (P, 2. Teil). – B Mit der einzigartigen Aktion (MA) | wies (P, 1. Teil) | das Meeresaquarium „Sealife" des Ostseebads Timmendorf (S) | auf die vielen Gefahren, die schwimmende Plastiktüten für Meeresschildkröten darstellen, (PO) | hin (P, 2. Teil). – C Deswegen (KA) | wurde (P, 1. Teil) | dem Wasserzoo (DO) | nun (TA) | ein Eintrag ins „Guinness-Buch der Rekorde" (S) | versprochen (P, 2. Teil). 13 Punkte

2 Attribute aus Satz B und ihre Bestimmung: 5 Punkte
einzigartigen (Adjektivattribut) – des Ostseebads Timmendorf (Genitivattribut) – vielen (Indefinitpronomen) – die schwimmende Plastiktüten für Meeresschildkröten darstellen (Attributsatz) – schwimmende (partizipiales Attribut)

3 Beispiellösung: 4 Punkte
A Jährlich landen über 6 Mio. Tonnen Plastik, das (welches) nicht chemisch abgebaut wird, im Meer. – B SG: Die Meerestiere fressen die Plastiktüten, da/weil sie die Beutel für Quallen halten. – SR: Die Meerestiere fressen die Plastiktüten, denn sie halten die Beutel für Quallen. – B Umweltschützer analysieren nun den Müll, um die Verursacher aufzudecken.

Insgesamt zu erreichende Punktzahl: 22 Punkte

Rechtschreibung trainieren

Groß- und Kleinschreibung

Farb- und Sprachbezeichnungen

Seite 82

1 a + b Verbesserung der Fehler im ersten Absatz:
grün wurde – mit dem Renovieren – in hellem Gelb – Mit einem Zwinkern – auf Italienisch – [einem] Grau
c beladen – vom Einkaufen – zu viel Rosa – weiß bleiben – beim Putzen – ins Schwitzen – mit einem Grinsen – Gelb – Weiß – nach dem Streichen – wir gehen [...] italienisch essen – wurde sie [...] rot – ihr Deutsch – hissen – in Grün-Weiß-Rot
d Farbbezeichnungen (mit Begleitern):
grün – in hellem Gelb – ein kräftiges Pink – einem Ocker – [einem] Grau – zu viel Rosa – weiß – Gelb – Weiß – in Königsblau – rot – in Grün-Weiß-Rot
Sprachbezeichnungen (mit Begleitern): auf Italienisch – italienisch (essen) – ihr Deutsch
nominalisierte Verben (mit Begleitern): mit dem Renovieren und Reparieren – mit einem Zwinkern – vom Einkaufen – beim Putzen – ins Schwitzen – mit einem Grinsen – nach dem Streichen

Zahlwörter

Seite 83

1 a Richtige Lösungen:
6 (Wenn zwei sich streiten, freut sich der Dritte.) – 9 (Sabrina wurde leider nur Siebte im Weitsprung.) – 10 (Mit sechs bekam er das erste Fahrrad.) – 4 (Jeder Zweite, der hereinkam, musste lachen.) – 8 (Aus drei mach vier.) – 11 (Aller guten Dinge sind drei.) → Lösungswort: O.K.!

Wie Adjektive gebrauchte Nomen (Denominalisierung)

1 hat recht/Recht *(hier geht beides!)* – ist einfach spitze – ist schuld daran – wurde mir angst und bange – tat mir leid – versetzt mich [...] in Angst und Schrecken – wäre eine Pleite – gäben [...] die Schuld – war es wert – Papa spricht [...] vom Wert

2 Beispiellösungen:
A Am Dreißigsten gibt es Taschengeld, dann kaufe ich mir den nächsten Band. – B Ich habe keine Angst, dass ich wegen der acht Euro gleich pleite sein werde. – C Außerdem habe ich von meinem vierzehnten Geburtstag noch einen Büchergutschein im Wert von zehn Euro.

Eigennamen

Seite 84

1 a auf meinen großen Bruder – Fotos vom Schwarzen Meer – Am bulgarischen Strand – unter der südlichen Sonne – in den Schweizer Bergen oder am Starnberger See – auf die Kanarischen Inseln oder an die kroatische Küste – zur berühmten Seidenstraße – mit der Transsibirischen Eisenbahn – bis ans Japanische Meer – die Chinesische Mauer – etliche chinesische Großstädte – durch den Indischen Ozean und das Rote Meer in die französische Hafenstadt Marseille – für den Heiligen Abend
b Eigennamen:
das Schwarze Meer – die Schweizer Berge – der Starnberger See – die Kanarischen Inseln – die Transsibirische Eisenbahn – das Japanische Meer – die Chinesische Mauer – der Indische Ozean – das Rote Meer – der Heilige Abend

2 Erste Hilfe – italienischen Nudelsalat – getrockneten Tomaten – Roten Kreuz – Viechtacher Fußballtrainer – weltreisenden Bayern – bayerische Heimat – Bayerischen Wald

Getrennt- und Zusammenschreibung

Seite 85

1 Paul würde sie gern eine halbe Stunde vorher sehen – [...] das Ende [...] vorhersehen – da sitzen, wo sie auch letzte Woche saßen – [...] er solle nicht so schlapp dasitzen – „Oje, mein Geldbeutel wird doch nicht weg sein!" – [...] mit einem blauen Auge davonkommen – [...] dass ihre Zahnschmerzen davon kommen, dass sie so gerne Bonbons lutscht – [...] beim Fußball zusehen – [...] ist [...] nichts zu sehen – Es ist zum Davonlaufen! – Am liebsten würde er gar nicht dableiben – [...] abholt

2 a + b Die richtigen Wortverbindungen: Klavier spielen – Schlange stand – kennen gelernt (*auch möglich:* kennengelernt) – Rad zu fahren – Nägel kauen – hat vor allem Angst – beleidigt ist – sitzen lässt – geschenkt bekommen hat – Kaugummi kauend – pleite bin

s-Laute, kurze und lange Vokale

Seite 86

1 Fäuste – explodiert – fesseln – meisten – Kinosessel – knallt – ziemlich – gefährlichen – Auftritte – übernehmen – trainierte – brenzligen – Krise – bekommen – Adrenalin – ihren – spüren – muss – Risiko – präzise – Gefahren – Unfälle

2 staatlich – riskanten – Grundvoraussetzung – abgeschlossene – nützlich – erwiesen – Handwerk – Fitness – Auffassungsgabe – Fremdsprachenkenntnisse – Reaktionsvermögen

Seite 87

3 a + b T Maschine – A Standard – L bisschen – E Fußball – N nämlich – T Publikum – S eigentlich – C Ergebnis – H Paket – A Widerspruch – U todschick – Lösungswort: TALENTSCHAU

Den ks-Laut richtig schreiben, f und v unterscheiden

Seite 87

1 a + b (Wörter aus der Umgangssprache sind markiert.) **waagrecht von links nach rechts:** Achse, vervielfältigen (*darin:* viel), Fang, Filmvorführung (*darin:* Film, Vorführung, vor, Führung), Huf, Vogel, Vaduz *(= Hauptstadt von Liechtenstein)*, Keks, Taxi, Forst, Vers *(= Gedichtzeile)*, Kalif, Fes, Macke, Falke, vor, Knicks, Veranstaltung – **waagrecht von rechts nach links:** bevor (*darin:* vor), Ferse *(= Teil des Fußes)*, Fuchs, vital, fix, Vase, Murks, Vollkorn (*darin:* voll), Buchse (*darin:* Buchs, *kurz für Buchsbaum*) – **senkrecht von oben nach unten:** Wachs, Kefir, fahl, Luchs, Fee, Mofa, Vlies, Genf, Fach, Efeu, Anruf, Viech, Echse, Nixe – **senkrecht von unten nach oben:** Vesuv, vorab (*darin:* vor), Reif, Ex *(= ehemalige Freundin/ehemaliger Freund)*, Virus, vier

Fremdwörter erkennen und richtig schreiben

Seite 88

1 a Tour de France – Traditionell – Etappe – imposanten – Tour – Champs-Élysées – Kulisse – Trikots – Route – Allee – Passagen – Duelle – Niveau – Courage – Routine – Etappen – Bravour – Saison – Engagements – Tour

b das Niveau: Rang, Stufe – die Tour: Runde, Reise – die Kulisse: Hintergrund – die Routine: Erfahrung, Können – die Passage: Durchfahrt, Durchgang – das Engagement: Bemühen, Einsatz – die Saison: Zeitabschnitt, in dem bestimmte Ereignisse stattfinden – die Champs-Élysées: eine Prachtstraße in Paris – die Allee: beidseitig von Bäumen gesäumte Straße – die Etappe: Teilstrecke – die Courage: Mut – das Trikot: Sporthemd – die Route: festgelegte Strecke, Reisestrecke – imposant: beeindruckend – die Bravour: meisterhafte Technik – das Duell: Zweikampf – traditionell: überliefert – Tour de France: Radrennen durch Frankreich

2 Nominativ Plural: die Niveaus – die Touren – die Kulissen – die Routinen – die Passagen – die Saisons – die Alleen – die Etappen – die Trikots – die Routen – die Duelle

Nomen, bei denen keine Pluralbildung möglich ist: das Engagement (im Sinn von „Einsatz"; nur bei „Engagement" in der Bedeutung „Beschäftigung von Künstlern" gibt es einen Plural: die Engagements), die Courage, die Bravour

Namen: die Tour de France, die Champs-Elysées (Pluralwort!)

Seite 89

1 a + b (Markiert sind Übersetzungen, mit denen man einen Anglizismus leicht vermeiden könnte. Du kannst aber auch andere Beispiele markiert haben.) Fans/Anhängern – cool/prima – Crew/Mannschaft – Gigs/Auftritte – gepusht/angetrieben – backstage/hinter der Bühne – Manager/Betreuer – Feeling/Gespür – Music Contest/Musikwettbewerb – Charthits/erfolgreiche Musikstücke – tourten/reisten – Headliner/Hauptattraktion – Tipps/Ratschläge – Newcomer/Aufsteiger – relaxed/entspannt

2 a Sport: Wakeboard, Fairness, Mountainbike, Play-off, fit, Training, Nordic Walking – Mode: Overall, Hotpants, T-Shirt, Boots, Pullover, Leggins, Sneakers – Computer: Download, chatten, posten, Log-in, Homepage, Touchpad, Flatrate

●●● b Weitere Beispiele: Sport: Bodycheck, Champions League, Coach, Cup, Doping, fair, Foul, Trainer – Mode: (Blue) Jeans, Catwalk, High Heels, Look, Outdoor..., Outfit, Sportswear, Style, stylish – Computer: Blog, Chatroom, Hacker, Link, Provider, Server, Tablet, Update, updaten, User, Web, Website

Zeichensetzung trainieren

Seite 90

1 a + b + c Barnabé Maluri, genannt Simpel, ist ein junger Mann, der gerne mit Playmobil spielt (Relativsatz). Und er sagt ganz offen, was er denkt (Relativsatz), obwohl er viele Menschen in seiner Umgebung damit manchmal verärgert (Nebensatz mit Konjunktion). Das wäre noch nichts Ungewöhnliches, wenn er nicht ständig sein Kuscheltier Monsieur Hasehase mit sich herumtragen würde (Nebensatz mit Konjunktion). Simpel ist zweiundzwanzig Jahre alt, doch mental ist er auf der Stufe eines dreijährigen Kindes. (Satzreihe) Es ist gut, dass sich sein siebzehnjähriger Bruder Colbert (Nebensatz mit Konjunktion), der in Paris seinen Schulabschluss machen will (Relativsatz), um ihn kümmert. Aber Colberts Geduld wird mehr als einmal auf die Probe gestellt, denn sowohl im Alltag als auch bei der Wohnungssuche ist Simpel nicht gerade eine Hilfe. (Satzreihe) Als die beiden Brüder in eine Studenten-WG ziehen (Nebensatz mit Konjunktion), wird es erst recht kompliziert. Nach anfänglichem Misstrauen können die vier Mitbewohner Emmanuel, Corentin, Enzo und Aria (Aufzählung) aber gar nicht anders und schließen Simpel ins Herz!

2 (An den markierten Stellen mussten die falsch gesetzten Kommas gestrichen werden.)
unabhängig von ihren Fähigkeiten, Einstellungen und körperlichen wie geistigen Einschränkungen – dass auch die Schulen Kinder mit Behinderungen in ihren Bedürfnissen berücksichtigen, in die Gemeinschaft integrieren sowie den nicht behinderten Schülern gleichstellen müssen – entweder aus finanziellen oder aus organisatorischen Gründen

Seite 91

1 a + b Ohne auf sein eigenes Wohl zu achten, übernahm Colbert die Verantwortung für seinen geistig behinderten Bruder. Er wehrte sich standhaft gegen die Pläne seines Vaters, den schwierigen Bruder wieder in die Anstalt nach Malicroix zu bringen. Nach zwei missglückten Wohnungsbesichtigungen blieb dem tapferen 17-Jährigen nichts anderes übrig, als weiter die Zeitungsanzeigen zu durchsuchen.
Colbert freute sich riesig darüber, endlich eine passende Kleinanzeige im Supermarkt gefunden zu haben. Gleich am nächsten Tag machte er sich mit Simpel auf den Weg, um sich die Studenten-WG anzuschauen. Mit dem Geld aus dem Erbe seiner Mutter schaffte er es, für sich und Simpel eine Wohnung zu mieten.

Zeichensetzung bei der wörtlichen Rede

Seite 91

1 „Ich bin's!", rief Simpel [...] „Jetzt hör mir mal zu", herrschte er ihn an, „entweder verhältst du dich ruhig, oder ich schicke dich nach Malicroix zurück!" [...] Aria gab Simpel die Hand und stellte fest: „Dann bist du also Barnabé. Ich bin Aria." [...] „Die anderen", fügte Aria etwas mühsam hinzu, „sind im Wohnzimmer. Kommt rein!" [...] und Emmanuel eröffnete das Gespräch: „Ihr sucht also eine Wohnung?"

Teste dich! Rund um die Rechtschreibung

Seite 92

1 (Beachte: Bei jeder Aufgabe gibt es für jeden Fehler einen Punkt Abzug!) 6 Punkte
Dschungel – Lasertechnik – unbekannten – Satellitenbilder – Späher – zugänglichen – durchdringen – Wissenschaftler – Propellerflugzeug – grüne Unendlichkeit – Maschine – außerdem – Sekunde

2 (Beachte: „Hunderttausende" ist richtig, man kann aber auch „hunderttausende" kleinschreiben.) 8 Punkte
Laserimpulsen – sandten – Anhand – Strahlen – Oberflächenstruktur – geraden – rechteckigen – Menschenhand – fanden – Hinweise – Städte – Pyramiden – Plätzen – terrassenförmigen – sagenumwobene – spanische – riesige

3 (Achtung: Auch jeder Zeichensetzungsfehler ergibt einen Punkt Abzug!) 3 Punkte
Aufnahmen der Fundstelle wollen die Forscher noch nicht veröffentlichen, da sie Angst vor Plünderern haben.

Seite 93

4 Bislang – Wissenschaftler – dass (die Hochkulturen ...) – muss – möglicherweise – „Weiße Stadt" – großartige – Beweise – dass (die Region ...) – das geheimnisvolle (Gebiet) – terrassenförmigen — 6 Punkte

5 sichergehen – offenbleiben – vorangegangen – dahintersteckt – zurückgeworfenen – dort bleiben – bekannt geben/bekanntgeben (hier ist Getrennt- und Zusammenschreibung möglich) – falschliegen — 6 Punkte

6 (Achtung: Jeder Zeichensetzungsfehler ergibt einen Punkt Abzug!) — 6 Punkte
Sie waren Meister der Mathematik, besaßen einen sehr genauen Kalender und beherrschten eine Schrift mit 700 Zeichen. Lange bevor die ersten Europäer an ihren Küsten landeten, bauten die Maya in den Urwäldern von Südmexiko, Guatemala, Belize und Honduras prächtige Städte. „Es macht mich stolz, mir vorzustellen, dass ich von diesen Vorfahren abstamme", erklärt ein indianischer Grabungsarbeiter.

7 A Vegetation – B Skelett – C Laser – D Dschungel – E Amateur – F Archäologe — 6 Punkte

Insgesamt zu erreichende Punktzahl: — 41 Punkte

Rechtschreibung überprüfen – Texte überarbeiten

Seite 94

1 So sieht die richtige Zuordnung aus:
Zweck/Ziel: 1, 2, 3 Herausfinden von Groß-/Kleinschreibung – 4 Herausfinden der richtigen Silbentrennung und Schreibung; Herausfinden von kurzen und langen Vokalen – 5, 6 Herausfinden von gleich und ähnlich klingenden Konsonanten: *b/p, d/t, g/k;* Herausfinden des richtigen s-Lauts: *s – ss – ß;* Unterscheiden von *ä/e* und *äu/eu* – 7 Unterscheiden von *das* (bestimmter Artikel, Relativpronomen) und *dass* (Konjunktion) – 8 Herausfinden der richtigen Satzzeichen – 9 Überprüfen der Getrennt- oder Zusammenschreibung – 10 Überprüfen der Schreibweise (v. a. von Fremdwörtern)

Seite 94/95

2 b Die Strategien stehen mit Erläuterungen in Klammern.
Z. 1: [...] im Netz, (8: *Komma vor „aber"*) aber nur einen besten (1: *Achtung: Hier ist in Gedanken „Freund" zu ergänzen, deshalb Kleinschreibung!*) im richtigen Leben (3: *Nomenbegleiter Adjektiv*): Freunde (1: *man kann „die" ergänzen*) – **Z. 2:** (8: *Aufzählung, deshalb zweimal Komma*); bisschen (4: *deutliches Sprechen → kurzer Vokal → ss)* – **Z. 3:** „Ich bin so froh, dich zu haben!" (8: *wörtliche Rede, Ausruf*); Hast du diesen Satz schon einmal von einem Freund gehört? (8: *Frage*) – **Z. 4:** Sätze (6: *Ableitung: Satz → Sätze*); Und meistens bedeutet so ein Satz, (8: *Komma vor Ns*) dass (7: *Konjunktion, kann nicht durch „dieser" oder „welcher" ersetzt werden*) [...] – **Z. 5:** (8: *Satzreihe mit aber*); muss (4: *deutliches Sprechen → kurzer Vokal → ss)* – **Z. 6:** kennen (4: *deutliches Sprechen → kurzer Vokal → verdoppelter Konsonant*); (8: *Aufzählung, deshalb vier Kommas*); beschnuppern (4: *deutliches Sprechen → kurzer Vokal → verdoppelter Konsonant*); sympathisch (10: *Fremdwörter nachschlagen)* – **Z. 7:** unternehmen (4: *deutliches Sprechen → langer Vokal → h vor m*) – **Z. 8:** kommt (4: *deutliches Sprechen → kurzer Vokal → verdoppelter Konsonant*) – **Z. 9:** Freundschaft (1: *man kann „eine" ergänzen* / 2: *Nomenendung „-schaft"*)

c + d Im Folgenden sind die Fehlerwörter korrigiert, die fehlenden Kommas ergänzt und grau markiert:
Z. 10: Unterbewusst (4: *deutliches Sprechen → kurzer Vokal → ss)* – **Z. 11:** zum ersten Mal (3: *Begleitwörter des Nomens: Präposition + Zahlwort*); Geheimnis (2: *Nomenendung -nis*) – **Z. 12:** Erzählt er auch von seinen Sorgen und Ängsten? (8: *Frage*) – **Z. 14:** anvertrauen (9: *Zusammenschreibung*) – **Z. 15:** oberflächlichen (6: *Ableitungsprobe: flach → oberflächlich*) – **Z. 16:** technisierten (4: *deutlich sprechen, Wortbaustein -ieren* / 10: *Fremdwörter nachschlagen*); [...] Sehnsucht, (8: *Infinitivsatz wird durch Komma abgetrennt*) Teil eines Teams zu sein – **Z. 17:** auf das (7: *kann durch „welches" ersetzt werden → Relativpronomen*) – **Z. 19:** Konkurrenz (10: *Fremdwörter nachschlagen*); Zusammenhalt (1: *es kann „ein" ergänzt werden*) – **Z. 20:** zum Überleben (3: *Nominalisierung, Begleitwort Präposition, mit Artikel verschmolzen*) – **Z. 21:** [...] herausgefunden, (8: *Komma vor Ns*) dass (7: *Konjunktion, kann nicht durch „dieser" oder „welcher" ersetzt werden*) Menschen [...] – **Z. 22:** fühlt sich das (7: *kann durch „dieses" ersetzt werden → Demonstrativpronomen*) – **Z. 24:** Er ist jemand, (8: *Ns [Relativsatz] wird durch Komma abgetrennt*) der sich aus freien Stücken dazu entschließt [...] – **Z. 26:** großartig (4: *deutliches Sprechen → langer Vokal → ß*) – **Z. 28:** tickt (4: *deutliches Sprechen → kurzer Vokal → ck*) – **Z. 29:** [...] ganz ähnlich wie ich", (8: *Satzzeichen am Ende der wörtlichen Rede ergänzen*) meint Felicitas Heyne. – **Z. 30:** für Freundschaft (1: *es kann „eine" ergänzt werden* / 2: *Nomenendung „-schaft"*); Fällen (6: *Ableitungsprobe: Fall → Fälle*) – **Z. 32:** Wenn wir Glück haben, (8: *Ns wird durch Komma abgetrennt*) sitzen wir [...] – **Z. 32f.:** [...] als verschrumpelte 80-Jährige (3: *Nomenbegleitwort „verschrumpelte"*) – **Z. 33:** Veranda (10: *Fremdwörter nachschlagen*) – **Z. 34:** *(Achtung: bei „wichtigsten" ist Kleinschreibung richtig, denn das Adjektiv bezieht sich auf „Menschen"!);* lassen (4: *deutliches Sprechen → kurzer Vokal → ss)*